성탄절의 인물들

The Characters of Christmas

This is book was first published in the United States by Moody Publishers, 820 N. LaSalle Blvd., Chicago, IL 60610 with the title The Characters of Christmas, copyright ⓒ 2019 by Daniel Darling. Translated by permission All rights reserved.

Korea Edition Copyright ⓒ 2021 by tovbooks, Ansan, Korea

저작권법에 의해 한국 내에서 보호를 받는 저작물이므로 무단 전재와 복제를 금합니다.

성탄절의 인물들

예수님 이야기에서 만나는 예상 밖의 사람들,
주변 인물들이 엮는 진실된 성탄절 이야기!

다니엘 달링 지음 | 박상민 옮김

토브북스

추천사 l

예수 그리스도께서 탄생하신 기쁜 성탄절에 추천하고자 하는 『성탄절의 인물들』은 우리에게 성탄절을 풍성하게 하는 보물과 같은 이야기를 전한다. 성도들과 함께 이전에 알지 못했던 인물들을 탐색하는 여정은 우리에게 큰 은혜와 기쁨이 될 것이다.

김미열 목사 (원주중부교회 / CTS 강원방송 이사장)

이토록 성탄절을 간절히 소망하며 기도하던 때가 언제인가! 『성탄절의 인물들』을 읽는 내내 마음속에 주님을 향한 뜨거움이 넘쳐 흐르게 된다. 아마 연약한 인물들을 통해 구현하신 인류 구원의 위대한 드라마를 보았기 때문이리라. 본서는 성탄절을 소망하는 사람이라면 반드시 읽어야 하는 필독서로 생각된다.

김진현 목사 (주의교회 / 한국신학정보연구원 이사)

COVID19 팬데믹 시대를 힘겹게 지나는 이들에게 성탄의 설렘과 기대감 그리고 성경의 인물을 생생하게 만나게 하는 촉매 책자가 우리 손에 들려졌다는 사실이 얼마나 축복된 일인가?

이 책을 펼치는 이들 모두가 예수님을 새롭게 만나는 크리스마스의 기적을 경험하기를 소원해 본다.

오정호 목사 (새로남교회 / 미래목회포럼 대표)

성탄절은 모든 인류가 기뻐하는 가장 위대한 날이다. 이 복된 날을 이해할 수 있는 좋은 도서가 나왔다는 소식은 우리에게 또 다른 기쁨을 안겨 준다. 그동안 미처 생각하지 못했던 주변인들의 시각으로 예수님 탄생의 놀라운 은혜를 재조명했다는 것이 참으로 새롭고 감동적이다. 힘겹고 암울한 시기에 이 책을 통해 우리 모두가 다시금 예수님 탄생의 기쁨을 회복할 수 있기를 소망한다.

하근수 감독 (기독교대한감리회 경기연회 / 동탄시온교회)

추천사 II

우리는 일 년에 한 번인 성탄절을 마음껏 즐겨야 한다. 다니엘 달링은 『성탄절의 인물들』로 성탄절을 더욱 풍성하게 즐길 수 있도록 한다. 내가 이 책을 좋아하는 이유는 그가 성탄절 이야기의 고정관념을 극복하도록 도와주기 때문이다. 그는 우리처럼 평범한 죄인들의 특별한 친구인 예수님을 제외하고 이야기 속 각 사람에 대해 '놀랍도록 평범한 이야기'를 보여 준다.

레이 오틀런드(Ray Ortlund)
Renewal Ministries, Franklin, TN

전능하신 하나님이 평범하지 않은 믿음을 가진 평범한 사람들을 이용해 인류에 들어오시고 그의 웅장함을 보여주는 우아하고 풍부한 복합물이다. 『성탄절의 인물들』은 성탄절을 유명하게 만드는 데 도움을 준 분들을 신선하게 소개한다. 누구든 요셉, 마리아, 헤롯, 그리고 예수님의 놀라운 가족 구성원들에 대하여 결코 그와 같은 방식으로 생각하지 못했을 것이다. 다니엘의 몇몇 지부에서는 예수님의 오심을 축하하기 전 몇 주 동안 저녁 식탁에서 본서를 낭독했다.

데니스 레이니(Dennis Rainey)
Cofounder, FamilyLife

이 책은 성탄절의 익숙한 이야기에 신선한 통찰력을 제공한다.

낸시 거스리(Nancy Guthrie)
Author and Bible teacher

성경이 가진 가장 놀라운 특징 중 하나는 인간의 특성을 완벽하게 반영한다는 것이다. 창조주 하나님이 깊은 슬픔과 억누를 수 없는 소망의 복잡한 이야기를 가진 사람들을 쫓아가시고 찾으신다. 그리고 메시아는 그들을 회복시키신다. 다니엘 달링은 성경 본문과 독자에게 상세함을 발굴하고 구원자의 탄생 이야기에서 발견된 주요 인물들의 중요성을 조명함으로써 훌륭히 섬기고 있다. 본서는 매년 읽어야 할 책이다.

러스 렘지(Russ Ramsey)
Pastor at Christ Presbyterian Church, Nashville
Author of *The Advent of the Lamb of God*

『성탄절의 인물들』에서 다니엘 달링은 우리 각자를 너무나 잘 대변하는 평범한 인물들의 이야기를 통해 예수님의 탄생 이야기를 신선하게 바라보도록 우리를 초대한다. 본서를 집어 들고 마리아, 요셉, 엘리사벳, 목자, 그리고 다른 사람들의 입장이 되어 보라. 그러면 여러분은 우리의 성탄절에 의미를 부여하시는 분인 예수님께 시선을 돌릴 수 있을 것이다.

아세리타 시우시우(Asheritah Ciuciu)
Bestselling author of *Unwrapping the Names of Jesus* and founder of One Thing Alone Ministries

종종 우리가 가장 잘 안다고 생각하는 성경에서의 인물들이 우리가 가장 이해하지 못하는 성탄절 이야기의 등장인물들이다. 다니엘은 『성탄절의 인물들』을 통해 그들의 삶을 신선하게 듣게함으로써 보다 은혜로운 성탄절이 되게 할 것이다.

마이클 카드(Michael Card)
Songwriter, Bible teacher

다니엘 달링은 우리의 친숙한 성탄절 이야기에 새로운 시각을 도입하여 놀랍도록 신선하고 따뜻하게 풀어낸다. 이는 감상적인 재해석으로 볼 수 없다. 하나님의 은혜를 전달할 수 있을 것 같지 않은 현실에서 이를 빛나게 하는 질그릇에 담으신 하나님의 영광을 기념하게 한다.

브라이언 채플(Bryan Chapell)
Pastor, Grace Presbyterian Church (PCA), Peoria, IL

목 차

서문 : 예수, 모든 원대한 이야기   17

제 1 장   칭송받지 못한 성탄절 영웅, 요셉   25

제 2 장   성탄절의 기적 : 사가랴와 엘리사벳   51

제 3 장   마리아, 모든 것의 중심에 있는 소박한 소녀   77

제 4 장   천사들의 노래   103

제 5 장   예수님을 위한 방 : 여관 주인   123

제 6 장   가장 먼저 알게 된 사람: 목자들   139

제 7 장   찾음과 발견 : 박사들   159

제 8 장   성탄절의 괴물 : 헤롯   179

제 9 장   가장 오래된 버킷리스트 : 시므온과 안나   203

제 10 장   예수님 가계의 놀라운 사람들   223

제 11 장   예수님 가계의 더욱 놀라운 사람들   239

후기 : 당신 자신을 상상해 보라...   251

서문

예수, 모든 원대한 이야기

한노인이 낡고 두꺼운 책을 선반에서 꺼내 허술한 묶음이 흩어지지 않도록 주의하며 조심스레 들고 온다. 그는 두꺼운 안경을 코에 걸치고, 가장 애용하는 의자로 돌아와 누렇게 변한 종이를 천천히 넘긴다. 그러고는 자신의 이야기를 기대하며 몸을 기대고 있는 손주들을 지긋이 바라본다. 아이들 뒤로 벽난로가 따스하게 타오른다. 성탄절까지 2주 남짓 남아 있었지만, 할아버지 집에서는 "내가 이야기 하나를 해주마"라는 말과 함께 공식적인 성탄절 시즌이 시작되었다. 아이들은 이미 그 이야기들을 알고 있었지만, 또다시 듣고 싶어 한다. 할아버지는 12월의 연례행사를 시작하시는데, 매일 다른 성탄절 이야기를 해 주신다. 천사, 겁에 질린 어린 유대인 소녀, 혼란스러운 약혼자, 수많은 천사, 박사들, 동방에서 온 왕들, 악한 헤롯, 들판에 있는 양치기 소년들, 여관 주인. 선지자들과 왕자들, 가난한 자들과 철학자들, 현자와 방랑자의 이야기들을 말이다. 아이들은 매년 이 시간을 즐거워한다. 물론 쇼핑과 선물, 교회 연극 연습도 좋아하지만, 할아버지와 함께 불 앞에 있는 이 시간을 가장 좋아한다.

당신은 어떤 기억이 떠오르는가? 어린 시절의 생생한 성탄절 기억이 있는가? 매년 12월이 되면 나는 세 장면이 떠오른다.

첫 번째는 매년 성탄절 전날 누가복음 2장을 읽으시던 아버지이다. 오늘까지도 나는 킹 제임스 버전 King James Version[1]을 들을 때면, 아버지께서 안락의자에서 읽어 주시던 기억이 떠오른다. 아버지의 목소리는 안정되고 분명하셨다.

두 번째는 11시에 있던 우리 교회의 성탄 이브 행사이다. 보통 이때 시카고 교외는 눈이 부드럽게 내리곤 했다. 우리는 항상 가장 좋은 옷, 즉 정장과 넥타이를 매고 도착했다. 그리고 함께 모여 성탄절

---

[1] 역주, 잉글랜드와 스코틀랜드 그리고 아일랜드 왕국의 국왕 제임스 1세의 명으로 1604년에 번역을 시작하여 1611년에 끝마친 영어 번역 성경으로, 정확하고 아름다운 언어로 유명하다.

캐롤(성탄 찬양)을 불렀다. 목사님은 짧게 왜 예수님이 오셨는지를 설교하셨다. 우리는 촛불을 켜고 '고요한 밤, 거룩한 밤'을 불렀다. 매년 이때는 따뜻함과 빛과 소망을 떠올리게 하는 무언가가 있었다.

세 번째는 성탄 시리즈the Sears Wish Book 같은 지나간 상업적인 성탄 전통이다. 인터넷 시대 이전, 즉 아마존에서의 성탄절 쇼핑 이전, 페이스북과 100만 명의 이메일 뉴스레터가 모든 최고의 쇼핑 할인 상품들을 배달하기 이전에, 우리 집에는 소원책Wish Book이라 불리는 두터운 시어스 카탈로그the hefty Sears catalogue가 도착했다. 거기에는 한 소년의 마음을 자극하기 위한 선물들로 가득 차 있었다. 보물이 도착하자 기쁨이 시작되었다. 나는 열심히 찾아 책에 표시하였고, 드디어 그해 부모님이 나무 아래에 암석 샘플을 놓기를 희망하는 천 가지의 미묘한 힌트를 전달했었다.

성탄절은 사람마다 서로 다른 추억을 선사한다. 어떤 사람들에게 성탄절 음악과 조명과 파티는 우울한 감성이 된다. 깨어진 가족에 관한 추억과 사랑하는 사람을 상실한 아픔이나 외로움을 떠오르게 하기 때문이다. 당신의 성탄절은 어떠한가? 앤디 윌리엄스Andy Williams처럼 성탄절이 일 년 중 가장 멋진 시기라고 생각할 수도, 혹은 멜리 해거드Merle Haggard처럼 12월 내내 버티며 하루속히 지나가기를 소원하는 인고忍苦의 시간일 수도 있다. 혹은 그 중간 어딘가가 될 수도 있다. 여기서 알려 주고 싶은 사실은 당신이 성탄절의 여정에서 겪은 기쁨과 슬픔, 고뇌와 행복 모두가 주께로 나아가는 소중한 기회가 된다는 점이다. 성탄절을 좋아하는 사람들과 싫어하는 사람들(및 그 사이의 모든 사람)에게 좋은 소식은 예수님이 우리와 같은 평범한 사람들에게 기쁨을 가져다주셨다는 사실이다.

✦ 성탄절을 비추는 빛 ✦

성탄절 이야기는 우리에게 친숙한 인물들로 시작된다. 교회사에서 중요하게 여기는 마리아가 있는가 하면 요셉과 같이 배경에만 희미하게 나타나는 인물도 있다. 또한 시몬과 안나와 같이 모호하게 서술된 인물도 있다. 사람들은 조역이 포함된 풍성한 성탄절 이야기를 기대한다.

그렇기에 성탄절 모형 세트에서나 볼 수 있는 구유 주변에 모여 있는 사람들, 즉 육체가 되신 하나님 드라마에 단역으로 출연한 인물들을 탐구하는 여정에 당신을 초대하고자 한다. 우리는 단역으로 출연한 그들을 가까이에서 이해하고자 한다. 그들의 삶이 우리와 같고, 그들의 삶이 세상을 변화시킨 예수 그리스도를 가리키기 때문이다. 예수님은 그들의 삶을 비추는 빛이시다. 만약 우리가 이와 같은 사실을 믿는다면 우리의 삶에도 주님의 빛이 비치는 은혜를 체험하게 될 것이다.

하나님은 피조물인 우리를 위해 이 아름답고 경이로운 세계를 창조하시고 "보시기에 심히 좋았더라"(창 1:31)라고 하셨다. 그런데 끔찍한 일이 일어났다. 인간이 그들의 창조주에게 반역하여 세상에 가져온 죄 때문이다. 이는 하나님의 창조를 손상하고 하나님의 빛을 차단하였다. 죄는 세상이 빛을 가지고 있으면서도 어둠과 절망으로 그늘지게 하는 이유다.

그러나 고맙게도 이야기는 어둠으로 끝나지 않는다. 오히려 빛의 침입으로 끝난다. 원수는 자신이 하나님을 이겼다고 생각했지만, 하나님은 다시 인류를 구원하고 어두운 세계에 빛을 가져오려는 그의 계획을 창세기 첫 페이지에 계시하셨다.

동산에서 타락한 이후 하나님은 여러 세대를 거쳐 그의 백성에게 빛이 될 구세주이신 메시아를 보내실 것을 약속하셨다. 이는 주께서 빛이 되라고 부르신 유대 민족뿐 아니라 전 세계를 향한 약속이었다. 선지자 이사야가 이 날을 선포하였다.

> 흑암에 행하던 백성이 큰 빛을 보고 사망의 그늘 진 땅에 거주하던 자에게 빛이 비치도다(사 9:2).

하지만 수세기가 지났고, 하나님께서 택하신 백성 이스라엘은 불순종과 실패의 길로 계속 나아갔다. 그들은 다른 나라에 포로로 잡혀가 흩어졌다. 그러나 메시아에 대한 하나님의 약속은 여전히 유효했다. 사백 년의 침묵 끝에 하나님의 구속 계획이 펼쳐지기 시작했다.

하나님은 먼저 사가랴와 엘리사벳에게 나타나 노년에 아들을 약속하셨다. 천사는 그들의 아들 세례 요한이 앞선 사람이 되며, 빛은 아니지만 메시아의 빛을 비추는 자가 될 것이라고 말하였다. 그러고 나서 천사 가브리엘이 처음 마리아에게 나타난 후 요셉에게 나타났고, 처녀 마리아에게서 정말로 메시아가 태어날 것이라는 소식을 전하였다.

알다시피, 성탄절은 단순한 감상과 선물과 가족 모임 그 이상이 되어야 한다. 우리에게 진정으로 필요한 것은 좋은 감정이나 노래를 넘어 성탄절이 우리에게 제공하고자 하는 것이다. 나는 신학자 플레밍 러틀리지Fleming Rutledge의 말을 좋아한다.

우리는 우리가 원하는 모든 사랑과 평화에 관한 성탄절 카드를 보낼 수 있지만, 인류는 스스로 돌아설 능력이 전혀 없다. 호두까기 인형을 보러 가는 아이들은 우리 모두와 마찬가지로 실망의 희생자로 성장한다. 마법의 왕국은 어디에도 없다.

다른 시간과 다른 장소, 이 세상보다 낫지도 나쁘지도 않은 세상에서 사람들은 우리처럼 가난과 질병과 환멸에 맞서 싸웠다. 희망과 행복과 평화의 순간들이 오늘날처럼 기만적이고 일시적인 시대에 복음 저자인 성 누가는 신비한 이야기를 기록하였다.[2]

누가 이야기(그리고 마태와 요한 그리고 이사야 등)는 구유에 있는 이 아기가 평범한 아기가 아니라고 말한다. 예수 그리스도는 성육신하신 하나님이자 사람이셨다. 그는 유대인뿐 아니라 모든 사람을 위한 빛이 될 것이다. 세상은 첫 번째 성탄절 때만큼이나 어둡고 암울하다. 그러나 예수님 안에서 우리는 어둠을 이겨낸 밝은 빛을 본다.

예수 탄생의 이야기에 나타난 사람들은 경이롭지만 그들 각각은 놀랍도록 평범하다. 우리가 알듯이 예수님은 로마 궁전이나 헤롯의 궁정에서 태어나심으로 사백 년이 넘는 하나님의 침묵을 끝내지 않으셨다. 성령님은 오랫동안 약속된 메시아의 오심을 서프라이즈하게 선포하거나, 축하받을 만한 귀족이나 왕자를 선택하지 않으셨다. 나는 마틴 루터가 한 평범함에 대한 말을 좋아한다.

그렇다면 이 기쁜 소식을 선포하는 사람들은 누구인가? 마음이 여려 목자들과 같이 천사들이 선포한 메시지에서 자신의 죄의 짐을 느끼는

---

[2] Fleming Rutledge, *Advent: The Once and Future Coming of Jesus Christ* (Grand Rapids: Eerdmans, 2018), 385-86.

사람들이다. 이를 받아들이지 않는 예루살렘의 영주들은 계속 잠을 자게 하였다.³

그래서 이번 성탄절 시즌을 되돌아보면서, 나는 구유로 가는 길을 발견한 사람들의 삶을 통해 들려 주는 예수님의 이야기를 새롭게 볼 수 있도록 여러분을 초대하고자 한다. 그들은 매년 벽난로 주변이나 강당에서 그리고 전 세계의 숨겨진 장소에서 우리가 전하는 이야기와 교차된다. 따라서 그들로 우리 모두를 비추는 빛되신 예수님을 다시금 가리키도록 하자.

---

3   Martin Luther, "Sermon on the Afternoon of Christmas Day (1530)," in *Martin Luther's Basic Th eological Writings* (Minneapolis: Fortress Press, 2012), 172.

1

칭송받지 못한 성탄절 영웅, 요셉

제 1 장

칭송받지 못한
성탄절 영웅, 요셉
마 1:18-25

**요셉이 잠에서 깨어 일어나
주의 사자의 분부대로 행하여
그의 아내를 데려왔으나
마 1:24**

이 글을 쓸 무렵 나는 가족과 함께 예전 인턴 중 한 사람의 결혼식에 가게 되었다. 결혼식은 아름다운 행사다. 서 있는 신랑은 신부가 아버지의 손을 잡고 통로를 따라 걸어오는 동안 기쁨으로 빛나고 있다. 그들은 손을 잡고 촛불을 켠다. 그리고 어려운 시기에도 충실할 것이라며 여러 단어로 서약을 한다.

좋을 때나 나쁠 때나
아플 때나 건강할 때나
우리 함께 사는 동안

나는 내 결혼식을 기억한다. 긴장된 모습으로 24살의 어린 내가 서 있었다. 지금 내가 알고 있는 것을 그때는 상상하지 못했다. 말로 표현할 수 없는 기쁨을 준 우리의 연합이 우리가 알 수 없는 방법으로 우리에게 시험을 가져올 것이라는 사실을 말이다. 나는 '아플 때나 건강할 때'라는 말을 반복했지만 솔직히 말해서 나는 그 서약의 완전한 의미를 생각하고 있지 않았다.

나는 배우자가 매우 아플 때 응급실을 방문하며, 값비싼 의료비를 지불하고, 돌보는 것을 상상해 보지 못했다. 그리고 '좋을 때나 나쁠 때'를 말하며 우울증과 지속적인 중독, 노화에 관한 것을 떠올릴 사람은 거의 없을 것이다.

그리고 나는 나의 어린 인턴이 결혼하는 것을 보며, 그가 그의 새 신부와 함께 인생의 앞날을 위해 갖고 있을 큰 꿈을 생각했다. 아마도 성공과 행복을 향해 높이 날아가는 길일 것이다: 출세, 아이들, 집, 휴가, 목회.

그리고 성탄절 이야기 속의 요셉을 떠올렸다. 그의 갈망들은 '아메리칸 드림American dream'과는 상당히 달랐을 것이다. 아직 신부와 결혼을 하지는 않았지만 약혼한 청년으로서 그는 분명히 계획을 가지고 있었음에 틀림없다. 그러나 그 꿈 한가운데서 그는 자신의 인생과 미래 그리고 그의 믿음을 시험받게 되었다.

✦ 요셉의 나쁜 소식 ✦

우리는 요셉이 자신의 약혼녀가 임신했다는 사실을 미리 알았는지 정확히 알 수 없다. 그러나 우리는 그가 마리아와 함께 나누었을 어려운 대화를 상상할 수 있다. 나는 마태가 '발견되었다'라는 절제된 문구로 이 어색함을 요약하는 것이 좋다. 어떻게 발견되었는가? 요셉은 아직 천사의 방문을 받지 못했다. 그는 거의 알지 못했던 마리아의 말만을 들었을 뿐이다. 비록 결혼을 약속했지만, 당시의 관습상 약혼과 그들의 결혼 첫날밤 사이에 신랑과 신부가 함께 보낼 수 있는 시간은 거의 없었다.

마리아가 임신을 했다고 말했을 때 요셉이 받았을 충격을 상상해 보라. 성관계가 깊이 사귀는 커플 사이에서 기정사실화된 오늘날과 달리 요셉과 마리아는 은밀한 사이가 아니었다. 요셉은 멍하여 침묵으로 반응했을 것이다. 마리아는 임신뿐 아니라 그녀의 아기가 성령으로 잉태되었다고 말하였다! 마리아는 천사를 보았고 심지어 기념 찬양을 썼을지도 모르지만, 요셉은 파티할 기분이 아니었을 것이다. "마리아, 진심이에요? 어떻게 나한테 이럴 수 있어요? 아직도 처녀라는 것이 무슨 의미죠? 그건 불가능해요! 누가 당신에게 이런 짓을 했나요? 그는 어디에 있나요?"

우리는 이천 년이라는 간극의 이점으로 마태의 이야기를 읽는다. 우리는 강림절 읽기를 하며 성탄절 일정을 계획한다. 우리는 귀엽고 작은 예수님의 탄생 장면을 만들고 우리 아이들에게 요셉과 마리아처럼 옷을 입힌다.

그러나 그 순간, 충격이 그를 덮쳤을 때 요셉은 하찮아 보이는 그의 삶을 통해 하나님이 세상에서 하시고자 하는 일을 미리 볼 수 없었다. 약혼녀 안에 있는 아기는 하나님의 아들일지 모른다. 혹은 참되며 더 나은 다윗일지도, 혹은 사람들을 그들의 죄로부터 구하고 세상을 새롭게 하고 회복시킬지도 모른다. 그러나 요셉에게는 최악의 악몽이었다. 한 주석가는 약혼의 파기가 사업상 계약 파기보다 더 나쁘게 여겨진다고 말한다.[4]

요셉은 배신감을 느꼈다. 그는 외로웠고 홀로 있는 것 같았다.

입장 바꿔 생각해 보라. 그는 천사를 보지 못했다. 오직 목수로 일

---

4   Craig S. Keener, *Matthew* (Downers Grove, IL: InterVarsity Press, 1997), 61.

하면서 미래의 가족을 위한 삶을 만들기 위해 오직 최선을 다하고 있을 뿐이었다. 그는 마리아가 충실하고 경건하다고 믿었고 그녀에게 자신의 삶을 서약했었다. 그런데 그녀가 그를 배신한 것이었다.

마태는 1장 20절에 "이 일을 생각했다 considered these things"고 말한다. 요셉은 심각하게 해야 할 일을 생각하고 있었다. 가브리엘이 마리아를 방문한 후부터 요셉을 방문하기까지 하나님이 얼마나 오래 기다리셨는지 우리는 알 수 없다. 몇 주? 며칠? 그는 불확실하고 혼란스러워 고민하며 서성거리다 안절부절못한 채 밤을 지새웠을 것이다.

요셉은 실제로 두 가지 선택밖에 없었다. 당시 약혼한 신부의 간음이 밝혀지면 두 가지 선택지가 있었는데, 남자들은 대부분 극단적 선택을 취했다. 요셉은 그녀를 종교 관계자들 앞으로 데려가 공개적으로 수치를 줄 수 있었다. 그렇게 되면 그녀의 아버지에게 지불한 지참금은 몰수되고 심지어 그녀는 돌에 맞아 죽을 수도 있었다. 요한복음 8장에 나오는 간음한 여인의 재판을 생각해 보라. 예수님이 공개 처형을 맞이한 그녀를 구하셨다.

이에 대한 또 다른 대안은 개인적으로 파혼하는 것이다. 그렇게 되면 그는 자신의 공동체에서 곤란한 상황을 견뎌내야 한다. 동료들과 가족들은 무엇이 잘못되었냐고 그에게 끊임없이 질문하게 될 것이다. 그러나 그는 양심에 따라 마리아를 위해 최선을 고민하였다. 더글러스 오도넬 Douglas O'Donnell 은 그의 고통스러운 결정과 관련해 다음과 같이 상상했다.

> 요셉의 한쪽 어깨에 있는 자가 요셉의 귀에 대고 하나님 율법의 의로운 요건을 속삭인다. "그녀의 잘못을 폭로해야 한다. 이 죄는 처벌받지 않을 수 없다." 다른 쪽 어깨에 있는 자는 하나님 율법의 긍휼하심과 자비를 말한다.[5]

마태는 요셉이 의로운 자라고 말한다. 하지만 이것은 요셉이 예수님의 초자연적인 탄생 이야기를 듣기 전이다. 마태는 두 사람 모두 율법(불성실한 배우자를 이혼시키는)을 따랐으며, 가장 이타적이고 자비로운 방식을 택했기 때문에, 그가 의로웠다고 한다. 우리는 요셉에 대해 많이 알지 못하지만, 그가 큰 희생을 치르게 될 때에도 옳은 일을 행하기를 원했던 하나님의 충실한 종follower이었다는 사실을 알고 있다. 그는 하나님 아들의 충실한 청지기가 될 것이다.

성탄절 이야기에서 이렇게 보이는 부차적인 존재조차 멈추고 칭찬할 것이 많다. 요셉은 분노로 즉시 결정하지 않았다. 그는 동요하거나 비이성적인 태도를 보이지 않았다. 자신의 인생이 엉망이 되는 것을 눈앞에서 목격한 청년은 놀라울 정도의 품위와 침착함을 보여

5　Douglas Sean O'Donnell and R. Kent Hughes, *Matthew: All Authority in Heaven and on Earth* (Wheaton, IL: Crossway, 2013), 41.

주었다. 그는 시간을 갖고 상황을 분별하였으며, 마리아의 인성을 보고 그녀를 위한 최선의 선택을 하였다.

✦ 하나님의 좋은 소식 ✦

우리는 요셉이 파혼하지 않은 이유를 알고 있다. 천사가 마리아를 방문했던 것처럼 하나님이 요셉을 방문하도록 하늘의 사자를 보내셨기 때문이다. 이번에는 하나님이 꿈을 통해 말씀하셨다. 이는 다른 요셉에게 말씀하셨던 하늘의 말씀을 상기하게 한다. 창세기에서 야곱의 아들이 하나님께 상상하지 못한 어려움을 견디고 그가 범하지 않은 죄의 수치를 인내하라고 요청받은 것처럼, 이 요셉도 그러했던 것이다.

그리고 천사가 그의 문제를 어떻게 다루는지 보라. 그는 요셉을 '다윗의 아들'이라고 부른다. 하나님은 자신의 아들의 삶을 책임질 1세기 유대인만을 택한 것이 아니다. 그는 다윗의 충실한 아들을 선택하였다. 신약성경에서 다윗의 아들로 언급된 유일한 분이 예수님이다. 이 칭호는 권위를 가지고 있으며, 왕실의 혈통을 상기시키고 앞으로 할 일을 준비하도록 하였다. 이것은 또한 마태가 독자들에게 예수님이 다윗의 적법한 아들rightful son 이라고 말한 것으로, 바울이 후에 로마서에서 예수님이 '육신으로'(롬 1:3) 다윗의 자손이라고 말했을 때 확인된다.

그러자 천사는 요셉에게 마리아의 태에 있는 아이가 죄의 열매가 아닌 성령의 초자연적인 역사로 잉태되었다는 확신을 심어 주었다. 그녀는 하나님에 의해 예수님의 어머니로 선택되었다. 우리는 요셉의 마음이 어떠했는지 모른다. 우리는 그가 성전에서 읽은 성경과 젊은 처녀(사 7장)에게서 오실 미래의 메시아를 묘사한 선지자의 말씀을 떠올렸는지 알 수 없지만, 혹시나 하여 천사가 그에게 성경을 상기시켰다. 아마도 이 '충만한 때 fullness of time'(갈 4:4-7)가 도래했다는 현실이 그를 압도했을 것이다. 구원 역사의 행진, 예언의 성취, 오래 기다려 온 언약은 그의 문 앞에 그리고 그의 삶에 있었다. 요셉에게 참으로 영광된 순간이었으며, 거룩한 경외심으로 축하하고 겸손히 경배하며 무릎을 꿇을 때였으리라!

✦ 적법한 왕 The Rightful King ✦

이는 또한 우리를 멈추게 하고 예배하게 만들 것이다. 이것은 우리가 12월이면 속도를 늦추고 예수님의 초림을 기다리던 구약 성도의 기대를 느끼는 이유이다. 성탄절 에피소드는 궁극적으로 하나님의 약속에 대한 하나님의 신실함을 상기시킨다. 이사야와 다른 선지자들이 선포한 말씀은 단순히 성탄 카드와 장식품에 넣기 위한 감동적인 소식이 아니었다. 그것은 구원자, 임마누엘, '신인神人, God-man'을 우리 가운데 보내시겠다는 하나님 약속의 연속이며, 천사의 말을 인용하자면 "그들의 죄로부터 그의 백성을 구하시겠다"는 것이었다.

이것이 마태가 나사렛의 목수 아들이 평범한 사람이 아니라 다윗 계보의 왕이었으며, 하나님의 약속 성취였다는 대담한 주장으로 문을 연 이유다. 예수님은 '유전된 죄의 저주 inherited curse of sin'에서 자유로워야 하셨기에 동정녀 탄생이어야 했다. 새 아담으로서, 그는 첫 번째 아담이 할 수 없는 일을 성취하실 것이다. 더욱이 그는 인류를 타락시키는 죄와 죽음을 물리치실 것이다.

데이비드 플랫 David Platt 은 다음과 같이 설명한다.

> 동정녀 탄생에서 예수님은 모든 다른 인류가 아담으로부터 물려받은 죄인 죄의 본성을 물려받지 않으셨다… 예수님의 탄생은 아담으로부터 온 계보의 부분적인 중단이었다. 죄에 굴하지 않는 새로운 아담이 세상에 나타났다. 마태복음에서, 첫 번째 아담과 달리 죄에서 구원할 사

람이 태어났다.[6]

마태는 천사가 요셉에게 한 말을 통해 그의 백성을 구원하기 위해 오신 적법한 왕을 제시한다. 그는 죄로 타락한 것을 재창조하시고 회복시키시는 창조주시다. 이번 성탄절에 깊이 생각할 가치가 있는 영광스러운 일이 아닌가!

천사는 요셉에게 이는 평범한 출생이 아니며 그의 역할은 평범한 아버지 역할이 아님을 상기시켰다. 그리고 요셉에게 아기의 이름을 '예수'라 하라고 말하면서 그의 청지기 직분을 상기시켰다. 당시는 아버지가 아들에게 이름을 지어 주었다. 요셉은 이름을 붙임으로, 예수님을 본질적으로 아들로 입양하였다. 다른 지상의 아버지들과 달리, 요셉은 자신이 선택한 이름을 취할 수 없었지만, 하나님이 아담에게 동물의 이름을 짓도록 맡기신 것처럼 그는 미래 하나님의 아들 이름을 짓는 대표 역할을 맡게 될 것이다. 아담의 아들인 요셉은 첫 번째 아담이 이루지 못한 일을 성취할 아기의 청지기가 되었다.

6　David Platt, *Christ-Centered Exposition Commentary: Exalting Jesus in Matthew* (Nashville: B&H, 2013), 25.

✦ 다윗의 경건한 아들 A Devout Son of David ✦

나는 천사가 마리아의 임신 소식을 확인해 주며 요셉에게 호소하는 방식이 흥미롭다고 생각한다. 우리가 위에서 언급한 바와 같이, 천사는 먼저 그를 '다윗의 아들'이라고 부르며 유산의 자부심에 호소한다. 그는 겁에 질린 사람에게 말하는 것과 같다: "너는 왕가의 조상이며, 하나님 백성의 일원이다." 그 후 천사는 성경에 근거하여 호소하며 요셉에게 성경을 성취하도록 상기시킨다.

천사는 이 땅에서 수호자가 될 예수님에 대해 두 가지를 전한다: 그는 자신이 누구인지 알며 성경에 헌신할 것이다. 이는 작은 일이 아니다. 오늘날 예수님을 따르는 사람들에게 성경이 요청하는 방식과 같다: 그리스도인으로서 당신이 누구인지 알고, 성경이 말한 바를 알라.

불경건한 사람은 어려운 임무를 맡았을 때 자신에게 이렇게 말한다. "성경 말씀은 나와 상관이 없어. 내 마음이야." 우리가 그렇게까지 말하지 않는다 하더라도 고의로 하나님 말씀에 저항한다면 그렇게 하고 있는 것이다. 게다가 우리는 우리가 누구인지 잊고 있다.

내 딸은 현재 공립학교를 다니고 있는데, 믿지 않는 친구들의 유혹에 자주 직면한다. 나는 종종 딸에게 '너는 하나님의 자녀이며 하나님을 따르는 자'라는 점을 상기시킨다. 이것은 우리의 정체성에 관한 보증을 제공할 뿐만 아니라 다른 기대를 동반한다.

요셉의 반응은 우리가 경건한 다윗의 아들에게 기대하는 바였다. 그는 즉시 순종했다. 마태는 말한다. "요셉이 잠에서 깨어 일어나 주의 사자의 분부대로 행하여"(마 1:24).

어려운 임무에 대한 즉각적인 순종. 이 반응을 요나 선지자와 비교해 보자. 그 또한 어려운 임무를 맡았었다. 요나는 정신을 차리지도 곧바로 니느웨로 가지도 않았다. 대신 그는 하나님의 명령을 피할 방법을 찾으려고 노력했다. 크레이그 키너Craig Keener는 "요셉은 하나님께 순종함으로써 자신의 명예를 소중히 여길 권리를 잃었다. 요셉보다 훨씬 나이가 많고 그들의 삶에서 성령의 힘을 주장하는 오늘의 그리스도인들은 아직도 그의 교훈을 배우지 못했다."고 한다.[7]

요셉은 말수가 적은 사람이었다. 우리는 그에 대해 전혀 알지 못하지만, 그가 아주 신실한 사람이라는 걸 안다. 그는 자신 앞에 있는 바른 일을 행했다. 하나님을 따르는 많은 사람은 묻는다. "이제 해야 할 일은 무엇입니까?"

잠시 요셉이 무엇을 받아들였는지 생각해 보자. 쉬운 과제가 아니다. 마리아와의 결혼 생활에서, 그는 끝없이 추궁을 받게 될 것이다. 처음에 그가 성령으로 마리아가 임신했다는 걸 이상하게 반응했다

---

[7] Keener, *Matthew*, 63.

고 생각한다면 그의 직계에 있는 다른 사람들이 어떻게 반응할지도 생각해 봐야 한다. 요셉과 달리 그들은 천사의 방문 혜택을 받지 못했다. 그들은 요셉의 말을 받아들이거나, 혹은 거부했을 것이다.

하나님의 음성을 따르면서 요셉은 자신의 명예를 포기하고 있었다. 팀 켈러 Tim Keller 는 임신한 아내와의 결혼이 이 사회에서 갖는 의미에 대해 다음과 같이 기록한다.

> 수치와 명예 사회에서 모든 사람은 이 아이가 9개월이나 10개월 후에 태어나지 않았다는 사실을 알게 될 것이다. 그들은 그녀가 이미 임신했었음을 알 것이다. 이는 요셉과 마리아가 결혼하기 전에 성관계를 가졌거나 혹은 그녀가 그에게 불충실하였다는 의미이다. 그 결과 그들은 수치를 당하고 사회에서 배제되며, 영원히 이등 시민이 될 것이다.[8]

하나님께 순종 Yes 하겠다고 고백함으로써 요셉은 자신이 해 왔던 모든 일, 즉 공동체에서 그의 명예를 부정 No 하게 되었다. 이번 성탄절에 우리는 마태복음의 이 부분을 읽을 때 쉽게 넘어갈 수 있겠지만, 이 결정이 얼마나 중요한지 잠시 멈추고 생각해 봐야 한다. 요셉은 그 자신의 사람들 사이에서 따돌림을 받는 사람이 될 것이다. 그는 자

---

[8] Timothy Keller, *Hidden Christmas: The Surprising Truth Behind the Birth of Christ* (New York: Viking, 2016), 56.

신이 저지르지 않은 죄를 위해 수치를 감당해야 할 것이다. 그렇다 하더라도 그것은 이 아기가 언젠가 요셉과 마리아와 예수님을 아는 모든 사람을 대신해 견디게 될 수치를 예시할 뿐이다. 이것이 후에 예수님이 겟세마네 동산에서 피를 흘리신 이유이다. 예수님은 문자 그대로 자기 백성을 위한 죄가 되셨기 때문에 죄를 참으실 수 없는 아버지께서 당신의 아들에게서 얼굴을 돌리셨던 것이다. 이사야를 인용하자면, 그는 "멸시를 받아 사람들에게 버림 받"(사 53:3)으셨다.

찬송가 작가 필립 블리스 Philip Bliss 가 십자가에 당하신 수치를 어떻게 묘사하는지 들어 보자.

> 수치와 조롱을 참아내시며
> 내 대신 징계를 받으셨네
> 그의 피로 내 용서가 확정되었네
> 할렐루야, 구세주로다!

하나님이 부르셨기에 요셉은 수치를 인내할 수 있었다. 예수님이 우리의 수치를 인내하셨기에 우리는 때때로 그리스도인으로서 겪는 수치를 인내할 수 있다. 예수님이 궁극적으로 거절당한 분이셨기에 우리는 사탄이 지배하는 세상에서 거절당한 채 살 수 있다.

요셉은 명예만이 아닌 평안과 안전도 잃게 될 것이다. 그는 또한 예수님이 태어나기 전까지 사적인 관계를 맺지 않았다. 천사의 요청은 아니었지만, 그는 하나님께 예Yes라고 대답하기 위해 그 이상을 실천하였다. "내 기분이 어떠한가?"를 표현하는 대신 계속해서 자신에게 "무엇이 옳은지, 무엇이 가장 좋은 일인지"를 물었던 것이다.

이후 헤롯이 예수님의 탄생을 듣고 죽이려 했을 때 하나님은 요셉에게 어린 아기와 그의 아내 마리아를 데리고 베들레헴을 떠나 이집트로 가라고 명하셨다. 우리는 종종 성경을 읽을 때 세부 사항은 넘어가려는 경향이 있다. 하지만 당시 여행의 어려움, 즉 추가 비용이나 가족과 친구들과의 단절 등을 생각해 보자. 그럼에도 또다시 꿈에 천사가 나타나자 요셉은 망설이지 않았다. 그는 즉시 하나님의 음성에 순종하여 이집트로 갔다. 이 여정에서 우리는 다시 구약성경의 반향을 보게 된다. 그곳에서 또 다른 요셉이 하나님의 백성을 구하기 위해 이집트의 고된 삶으로 소환된다. 그리고 아브라함과 사라는 식량을 구하기 위해 이집트로 여행하였다. 이것이 호세아가 이스라엘을 향한 하나님의 돌보심을 말씀할 때, 역사를 언급한 이유이다: "내 아들을 애굽에서 불러냈거늘"(호 11:1).

이는 요셉의 신실함과 인격을 나타낸다. 그는 자신의 평안보다 가족의 이익을 우선했다. 나는 초기 가정생활이 일시 체류 유형이었기에 그의 목공 사업이 타격을 입었으리라 확신한다. 이집트에서 난민으로 살면서 유대 망명자들과 합류했을 가능성이 높기 때문에 그의 삶은 더 어려워졌을 것이다. 비록 요셉이 예수님의 친아버지는 아니었지만, 그는 모든 의미에서 지상의 아버지였다. 그는 예수님을 자신의 아들로 입양하고 돌봤다. 이는 족보가 예수님의 유산을 추적하기 위해 요셉의 이름을 사용한 이유다.

나는 네 아이를 키우고 있는 아버지이다. 만약 여러분이 부모이거나 아이들의 양육을 돕고 있다면 육아가 어렵다는 사실을 잘 알 것이다. 우리 잠시 하나님의 아들을 양육하는 어려움을 상상해 보자. 성경은 예수님의 어린 시절이 어떠했는지 이야기하고 있지 않으며, 오직 예수님의 출생과 아기 때 이집트로의 여행 그리고 12살 때 성전 이야기만 있다. 그러나 우리는 요셉이 모든 의미에서 예수님의 아버지였다고 추정할 수 있다. 예수님은 하나님의 아들이셨지만, 완전한 청년으로 배우고 성장해야 했다. 누가는 "예수는 지혜와 키가 자라가며 하나님과 사람에게 더욱 사랑스러워 가시더라"(눅 2:52)라고 하였다.

모든 면에서 예수님은 평범한 소년이었다. 그가 나사렛으로 돌아와 지상 사역을 시작했을 때 그의 또래 친구들이 어떻게 반응했을지 생각해 보자.

> 고향으로 돌아가사 그들의 회당에서 가르치시니 그들이 놀라 이르되 이 사람의 이 지혜와 이

런 능력이 어디서 났느냐 이는 그 목수의 아들이 아니냐 그 어머니는 마리아, 그 형제들은 야고보, 요셉, 시몬, 유다라 하지 않느냐 그 누이들은 다 우리와 함께 있지 아니하냐 그런즉 이 사람의 이 모든 것이 어디서 났느냐 하고 예수를 배척한지라 예수께서 그들에게 말씀하시되 선지자가 자기 고향과 자기 집 외에서는 존경을 받지 않음이 없느니라 하시고 그들이 믿지 않음으로 말미암아 거기서 많은 능력을 행하지 아니하시니라(마 13:54-58).

목수의 아들이 아닌가? 예수님이 사역을 시작했을 때, 그보다 더 알려진 사람은 그의 아버지였다. 예수님은 어린 시절 아버지에 의해 정의되었다. 우리는 짐작하기 어렵다. 완전한 하나님이셨지만 완전한 인간이신 예수님은 요셉으로부터 그가 알고 있는 대부분을 배우셨을 것이다. 광야에서 시험을 받으셨을 때 인용한 성경도 아마 요셉의 입술로 처음 들으셨을 것이다. 또한 약하고 연약한 자들에게 보여 주신 보살핌 역시 지상 아버지의 자기희생에 의해 처음 나타났을 것이다.

게다가 어린 시절 예수님은 형제자매와 구별할 수 없었던 것 같다.

그의 고향 사람들이 마태복음 13:55에서 그렇게 말하고 있다. 우리는 그의 형제자매들을 안다. 그들은 특별하지 않았다. 내가 이 본문을 많이 읽어 보았지만, 요셉은 하나님의 아들을 키우는 소명의 무게를 이해하면서도 자신의 혈육인 신성하지 않은 다른 자녀들에게 준 동일한 보살핌으로 예수님을 양육한 것 같다. 즉 그는 예수님을 하나님이 아닌 자신의 혈육으로 대했던 것이다. 그는 예수님을 편애하지도 않았지만 그렇다고 친자식이 아니라고 무시하지도 않았다.

요셉은 진정한 입양의 자세를 보여 주었다. 이것은 하나님이 우리를 그리스도 안에서 자녀로 입양하심은 물론, 모든 신자의 소명이 세상에서 가장 연약하고 잊힌 우리의 가정과 공동체를 환영하는 생생한 모습이다. 후에 참 종교는 고아와 과부를 돌보는 것(약 1:27)으로 정의된다고 기록한 사람은 예수님의 형제인 야고보였다. 러셀 무어 Russell Moore와 함께 우리는 아마도 야고보가 요셉을 보면서 이를 처음 배웠을 것이라고 추측할 수 있다. "요셉의 이미지가 야고보의 마음에 남아 있었기 때문에 살아 있는 믿음을 고아를 보호하라는 말씀으로 기록한 것이 아닐까?"[9]

우리는 이야기를 길게 늘어놓지 않고도 요셉이 인내심 있게 예수님의 아버지가 되었고, 구약성경을 가르쳤으며, 목공소를 세울 수 있

---

[9] Russell Moore, "Let's Stop Ignoring Joseph," December 20, 2011, https://www.russellmoore.com/2011/12/20/lets-stop-ignoring-joseph/.

도록 가르쳤고, 어린 아들을 위해 신실한 남자다움이 어떠한 것인지 모범이 되어 주었다고 가정할 수 있다. 아마도 이것이 성전 랍비들이 예수님께 깊은 인상을 받은 이유 중 하나일 것이다. 그렇다, 예수님의 가르침은 초자연적인 것이었다. 하나님은 그들을 찾아오셨다. 그러나 예수님이 기억하는 구약성경 말씀 중 일부는 그의 지상의 아버지 발치에서 들은 가르침 때문이지 않을까?

✦ 요셉의 유산 ✦

궁극적으로 우리는 예수님의 12살 성전 방문이 언급된 이후 요셉에게 실제로 무슨 일이 일어났는지 알지 못한다. 그는 성경에 다시 나타나지 않았다. 아마도 그가 때 이른 죽음을 맞았다고 믿을 만한 이유가 거기에 있다.

가족이 등장하는 성경의 다른 모든 구절에서 언급된 것은 오직 마리아와 예수의 형제자매뿐이다. 그가 마리아보다 나이가 많고 1세기 농민이었던 유대인의 기대 수명이 그리 길지 않았던 점을 감안하면, 아버지를 잃은 것이 예수님이 겪은 인간 고통의 첫 경험일 수 있다.

그리고 예수님과 그의 형제들 사이에 어떤 불화가 있었던 것 같다. 그들은 예수님의 신성을 믿지 않았고 (요 7:5) 예수님을 미쳤다고 말하기까지 하였다(막 3:21). 예수님은 종종 복음이 가족을 분열시킨 방식(막 3:31-35)에 관해 말씀하시는데, 이는 자신의 경험으로부터 나온 말씀이다. 요셉이 있었는지 궁금하다. 그는 유대감을 유지시킬 수 있었던 일종의 가족 접착제였을까? 그는 형제들이 예수님을 거절하는 것으로 보였을 때 그들을 책망했을까? 오직 성령님만이 믿지 않는 마음을 믿음으로 바꾸실 수 있지만, 아버지의 부재가 역할을 할 수도 있었을 것이다. 고맙게도 우리는 야고보가 나중에 믿어 교회의 리더가 되었고 초기 순교자가 되었다는 것을 알고 있다.

> 예수님은 종종 복음이 가족을 분열시킨 방식에 관해 말씀하시는데, 이는 자신의 경험으로부터 나온 말씀이다.

그러나 가장 가슴 아픈 요셉의 부재는 갈보리에서 볼 수 있다. 예수님은 죽기 직전에 사랑하는 제자 요한에게 어머니 마리아(요 19:25-29)를 보살펴 달라고 부탁하셨다. 여기서 우리는 예수님이 마리아의 죄를 위해 죽으심으로 마리아의 개인적인 구원과 하나님과의 평화를 돌보셨을 뿐 아니라 자신이 없는 동안 그녀의 개인적인 필요를 보살피신 것으로 볼 수 있다. 분명 요셉은 현장에 없었고, 장남으로서 어머니를 돌보는 것은 예수님의 책임이었다. 이 과정에서 예수님은 자녀들이 노년에 부모를 육체적으로 돌보도록 한 율법을 따르고 계셨다(신 5:16). 예수님은 또한 하나님이 그의 보살핌에 맡긴 이들의 안녕을 보장하는 데 있어서 그의 아버지의 예를 따르고 있었다. 예수님과 야고보는 '그들의 고난에서 고아와 과부'를 돌보는 신앙을 보여 준 그들의 아버지의 삶에서 이 윤리가 나타나는 것을 보았다. 이것이 바로 요셉의 유산이다. 성경에서 거의 언급되지 않았고 교회 역사에서도 대부분 잊혔지만 하나님께는 충실한 종으로 기억되었다. 그리고 우리도 요셉처럼 하나님께 예yes라고 대답할 수 있다면 이것은 우리의 유산이 될 수 있다.

학습 성찰

1. **요셉은 놀라우신 하나님에 의해 기꺼이 사용된 평범한 사람이었다.** 하나님은 평범한 사람을 그분이 세상에서 말씀하시는 놀라운 이야기의 일부가 되라고 부르신다. 당신은 하나님의 사명에 기꺼이 발을 들여놓을 것인가?

2. **요셉은 어려운 상황에서 의로운 품성을 나타냈다.** 당신은 오늘 어떤 방식으로 시험을 받고 있는가? 영광으로 가는 지름길은 무엇인가? 당신은 어떻게 가정과 직장과 가족에서 차별되는 방식으로 그리스도인의 성품을 나타낼 수 있는가?

3. **요셉은 즉시 순종했다.** 그는 하나님의 음성을 들었을 때 실천했다. 하나님은 들을 수 있는 음성이나 천사를 통해 말씀하지 않으시지만 하나님은 말씀을 통해 우리에게 말씀하신다. 당신은 어려운 일에도 기꺼이 순종하겠는가? 하나님이 오늘 당신에게 주시는 어렵고 힘든 소명은 무엇인가?

4. 요셉은 기꺼이 하나님과 다른 사람들을 위해 명예에 해를 입고 평안을 잃는 고난을 받았다. 하나님은 어떤 방법으로 당신을 당신이 돌보는 다른 사람들을 위해 그리고 그리스도의 대의를 위해 개인적인 평안함과 명예의 상실을 희생하라고 부르시는가?

5. 요셉은 자신의 가족을 영적인 리더십으로 인도했다. 하나님은 어떤 방법으로 당신의 집과 가족을 영적으로 이끌라고 부르시는가? 하나님은 어떤 방법으로 당신이 그분의 목소리를 청종하며 경건함과 성숙함에 영향을 미치기를 바라시는가?

6. 요셉은 우리를 대표한 그리스도의 수치과 모욕의 실상이다. 요셉이 키워야 할 아기는 언젠가 요셉과 우리를 죄에서 구하려고 세상의 수치과 모욕을 당할 것이다. 오늘 당신은 십자가에서 죽으심으로 우리의 죄를 갚으시고 우리에게 새로운 생명을 주시기 위해 고난 받으신 종인 예수님께 감사드리지 않겠는가?

성탄절 찬양 제안

"Joseph's Song" by Michael Card[10]

---

[10] 역주, 간단히 유튜브를 검색하면 찬양을 들을 수 있다. 본 곡은 요셉의 입장에서 아기를 바라보는 독특한 관점을 담고 있다. 요셉은 따뜻하고 사랑스러운 눈빛으로 아기를 바라보며, 무지한 자신이 하나님의 아들을 과연 키울 수 있을지, 과연 그 계획을 실행할 수 있을지 신중히 고민한다. 특별히 예수님이 하나님의 아들이시요, 왕이시라는 고백은 요셉이 가진 신앙을 알게 한다. 따뜻한 목소리로 들려오는 찬양은 듣는 모든 이의 가슴을 뜨겁게 할 것이다.

2

성탄절의 기적 : 사가랴와 엘리사벳

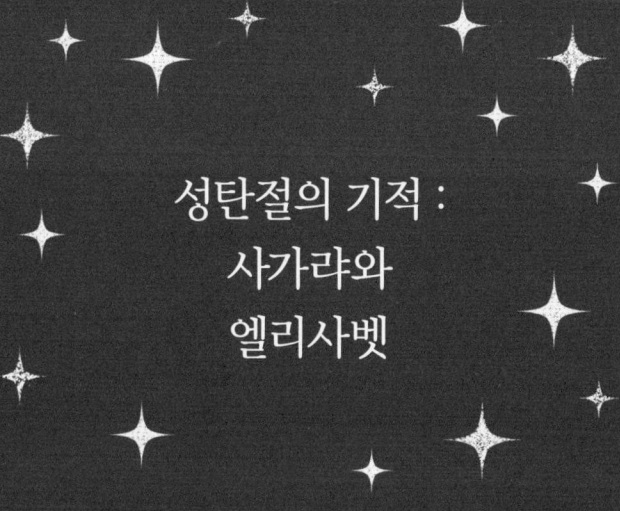

제 2 장

성탄절의 기적 :
사가랴와 엘리사벳

이는 우리 하나님의 긍휼로 인함이라
이로써 돋는 해가 위로부터 우리에게 임하여
어둠과 죽음의 그늘에 앉은 자에게 비치고
우리 발을 평강의 길로 인도하시리로다 하니라
눅 1:78-79

모든 사람은 성탄절에 기적을 찾고 있는 것 같다. 매년 어떤 새로운 그리움을 가슴속에 담는다. 구글에 '크리스마스의 기적'을 입력하면 많은 결과를 찾을 수 있다. 신앙을 바탕으로 한 영화들, 토마스 킨케이드 컬렉션Thomas Kinkade collection[11], 리더스 다이제스트 기

---

11   역주, 미국의 화가로, 빛을 이용한 따뜻함이 묻어나는 목가적 화풍으로 유명하다.

사: "당신의 성탄절 소망을 회복할 진정한 7가지 기적" 등이 말이다.

우리는 모두 성탄 시즌을 전후하여 약간의 마법을 찾고 있다. 아마도 우리가 따뜻하고 흐릿한 기억으로 시즌을 채우고, 감상적인 영화와 음악에 빠져드는 이유일 것이다. 나는 이것이 불행을 감추고, 엉망인 삶에서 탈출하기 위함이라고 믿는다. 정말 우리는 이렇게 한다. 그러나 우리가 추구하는 '기적'이 무엇이든지 간에, 결국 성탄절 이후 실망이 시작되고, 그와 함께 우리 위에 드리워진 어두운 구름, 즉 이루지 못한 꿈, 재정적인 걱정, 숨겨진 건강 불안들이 다시금 돌아온다는 걸 알고 있다. 진정한 소망이신 하나님이 육체를 가진 아기로 이 땅에 오신 이 기적의 날을 알고 있는 우리조차도 세상 걱정으로 가득 찬 근거 없는 감정에 사로잡힐 수 있다.

신학자인 플레밍 러틀리지Fleming Rutledge 교수는 성탄절의 희망은 진부한 표현이 아니며, 몰락한 세상의 현실을 기초로 한다는 점을 상기시킨다. "강림절의 위대한 주제는 희망이다. 그러나 우리가 이 세상에서 압도적인 악의 존재를 정면으로 바라보지 않는 한 희망을 말하는 것은 용납되지 않는다."[12]

그는 디즈니 드림 컬렉션을 작업하였는데 〈사랑에 빠진 야수〉(2010), 〈잠자는 숲속의 공주〉(2011) 등이 있다.

12   Fleming Rutledge, *Advent: The Once and Future Coming of Jesus Christ* (Grand Rapids: Eerdmans, 2018), 52.

이는 우리가 성경을 펴 첫 성탄절이 어떻게 시작되었는지 누가의 이야기를 읽을 때, 그가 제일 먼저 우리에게 고통을 받고 있는 사람들의 심적 고통과 그리움의 깊은 창을 제공하는 이유이다. 천사들의 기쁨과 목자들의 경탄은 나중에 나온다.

아우구스투스 황제의 칙령 당시는 하나님이 그의 백성 이스라엘에게 말씀하시고 이미 400년이 지난 때였다. 명백한 침묵이 4세기 동안 이어졌다. 말라기서는 미래 소망에 대한 희미한 약속으로 마친다.

> 보라 여호와의 크고 두려운 날이 이르기 전에
> 내가 선지자 엘리야를 너희에게 보내리니 그가
> 아버지의 마음을 자녀에게로 돌이키게 하고 자
> 녀들의 마음을 그들의 아버지에게로 돌이키게
> 하리라 돌이키지 아니하면 두렵건대 내가 와서
> 저주로 그 땅을 칠까 하노라 하시니라 (말 4:5-6).

이는 하나님의 마지막 말씀이었다. 심판 혹은 번영의 메시지를 전하는 어떤 선지자도 없었다. 천사도, 왕도, 인도자도 없었다. 이스라엘은 이 세월 동안 혁명과 전쟁으로 흔들렸다. 대부분의 하나님의 사람들은 정복 국가들 사이로 흩어졌다. 일부는 스룹바벨과 느헤미야와 함께 그 땅으로 돌아왔다. 시리아 사람들이 와서 그 땅과 백성들을 잔인하게 다루었다. 그 후 마카비 혁명으로 일시적인 희망을 가졌지만 다시 한 번 이스라엘을 속박에 빠뜨린 로마의 폼페이우스 대제에게 분쇄되었다. 매일 무자비하고 부조리한 이스라엘의 왕 헤롯이 세운 성전으로 나아가면서 그들은 그들 땅 위 높은 곳에서 바람에 휘날리는 로마 깃발을 보았다.

그리고 어둠 속으로 모든 것이 사라지고 아무도 믿을 수 없는 것처럼 보였을 그때에도, 하나님은 침묵하셨다... 그러나 주무시지는 않으셨다. 시편은 야곱의 하나님이 졸거나 자지 아니하신다는 점을 상기시킨다(시 121:2-4). "어둠은 새벽이 오기 전에 온다"는 말은 조금 진부할지는 모르지만 이 포위된 땅, 이 억눌린 사람들 가운데 새로운 날이 밝아 오고 있다. 말라기서의 희미한 소망이 성취될 것이다.

✦ 의로운 부부와 고요하신 하나님 ✦

누가는 날짜와 함께 그의 이야기를 시작한다. 진하고 굵게 기록된 신문의 헤드라인을 상상해 보라: "이스라엘의 왕 헤롯 시대에, 사가랴라는 제사장이 있었다." 그러나 여기에는 단순히 역사 기록 이상의 의미가 들어 있다. 대조에 주의하라.

헤롯은 로마에 의해 이스라엘의 왕좌에 오른 강력한 군주였다. 사가랴는 이스라엘의 24반열 중 하나인 아비야 가문(눅 1:5; 대상 24:10)의 삼백 제사장들 중 한 명이었다. 강력한 왕, 평범한 제사장과 그의 아내 엘리사벳.

세상을 영원히 바꿀 이스라엘의 구원자 소식은 궁전이 아닌 유대 예배당, 연로한 한 제사장에게서 올 것이다.

사가랴는 당시에 흔한 이름이었다. 심지어 성경에는 여러 명의 사가랴가 있다. 그러나 400년 만에 하나님께서 그의 백성에게 하신 첫 말씀이 '주께서 기억하셨다'라는 뜻을 가진 어떤 사람에게 온 것은 우연이 아니다.[13]

로마의 지배 아래 살고 있던 유대 백성에게는 주님이 기억하고 계신 것으로 보이지 않았다. 하지만 이는 억압받는 하나님의 백성들이 400년의 침묵으로 괴로워하고 있었던 때를 소환한다. 애굽에서 그들을 기억하신 하나님은 이제 그들의 죄에서 구원하신다. 하나님은 단순히 잊지 않으신 것이 아니라 기억하시는 가운데 행동하신 것이다.

하나님은 이스라엘을 위해 국가적인 차원에서 행동하려 하셨을 뿐 아니라 개개인을 위해서도 개입하려 하셨다. 사가랴와 엘리사벳의 아픔은 그들의 사적인 괴로움에 따른 것이었다. 엘리사벳은 하나

---

13 *NIV Zondervan Study Bible*, ed. D. A. Carson (Grand Rapids: Zondervan, 2015), 2066.

님의 이야기에 나오는 경건한 여인들의 방식과 같이 자녀를 낳을 수 없었다. 불임의 모욕을 겪는 것은 어느 시대나 잔인했지만 임신의 능력이 하나님 축복의 직접적인 표시로 여겨졌던 1세기에는 특히 어려웠다. 이 시점에서 그들은 운명으로 여기고 체념하였다. 그들은 결코 부드럽게 속삭이는 어린아이의 첫 옹알이를 듣지 못할 것이며, 결코 아들이나 딸을 데리고 성전에 갈 수 없을 것이다. 또한 그들 자신의 세대에게 이스라엘의 이야기를 물려줄 수 있는 달콤한 특권을 가질 수도 없을 것이다.

성경에는 하나님이 불임 여성을 찾아가시는 장면이 여럿 있다. 누가 아브라함의 가계에서 사라와 리브가와 라헬의 절망을, 그리고 그들이 각자 아이를 위해 하나님께 드리는 그들의 간절한 간청을, 혹은 성전에서 자신의 자궁을 열어 달라고 하나님 앞에 무릎을 꿇고 간청하는 애끓는 외침을 잊을 수 있겠는가? 또한 다윗의 첫 아내인 미갈의 쓰라린 영혼을 어찌 잊을 수 있겠는가?

누가는 사가랴와 엘리사벳이 아이를 낳을 수 없는 이유가 개인적인 죄의 결과가 아니라는 것을 전하는 방법으로, 그들의 불임과 그들의 의를 조심스럽게 비교하여 나란히 배열한다. 우리는 하나님이 신앙을 토대로 은혜를 베푸시는 분인 것처럼 번영을 헌신의 척도로 사용하려는 유혹에 빠진다. 이것은 모든 시대에 동일하다. 욥이 그의 자녀와 번영과 건강을 잃고 괴로워하고 있을 때 소위 친구들은 그의 고뇌가 어쩌면 신앙 결핍의 결과인지도 모른다고 그의 귀에 속삭였다. "생각하여 보라 죄 없이 망한 자가 누구인가 정직한 자의 끊어짐이 어디 있는가"(욥 4:7). 그들은 죽음과 파산, 건강 악화와 같은 이런 종류의 일들이 나쁜 사람들에게만 일어나는 것처럼 생각한다.

그러나 욥의 친구들처럼 오늘날에도 신앙을 물질적 번영에 직접 결부시키는 사람은 누구나 잘못된 것이다. 타락한 세상에서는 종종 아주 선한 사람에게도 나쁜 일이 일어난다. 욥은 신실하였다. 사가랴와 엘리사벳도 신실하였다. 그러나 하나님은 그들의 선함과 그의 영광을 위해 그들이 고통받도록 허락하셨다. 여기에 옛 언약 아래 아브라함의 많은 자녀와 마찬가지로 하나님의 약속을 믿는 그들의 믿음을 '의로 여기신'(갈 3:6; 약 2:23) 경건한 부부가 있었다.

오늘 당신이 이 글을 읽으면서 들을 수 있는 것은 아마 하나님의 침묵뿐일 것이다. 사가랴와 엘리사벳처럼 당신은 신실하고 하나님을 진실하게 믿는다. 그러나 당신이 고난 속에서 듣는 것은 그의 침묵뿐이다. 당신의 질병을 치료할 수도 없으며, 양성 반응의 임신 테스트 결과도 없다. 새로운 일자리도 제공되지 않는다.

이 이야기에서 당신은 애굽에서, 유대에서, 또한 십자가 위에서 그의 백성을 기억하셨던 동일한 하나님이 당신을 기억하셨다는 사실로 용기를 얻을 수 있다. 하나님은 당신의 고통으로부터 선을 이루도록(영광을 얻도록) 일하고 계신다.

✦ 하나님이 나타나실 때 ✦

(그리고 왜 내가 그 표현을 싫어하는지)

기독교 목사님들과 예배 지도자들의 말씀 중 내가 가장 싫어하는 표현 중 하나는 "오늘 하나님이 나타나셨습니다!"이다. 마치 게으른 십 대를 교회에 가라고 깨우는 것처럼 하나님이 나를 매우 경망하게 다그치는 것 같기 때문이다. 내 반응(물론 마음속으로)은 항상 '하나님이 나타나지 않으셨잖아요'이다. 하나님은 항상 여기에 계신다. 진짜 질문은 "하나님이 우리에게 나타나실까?"이다. 그리고 우리는 종종 주차 장소를 찾는 것부터 축구팀이 골을 넣는 것에 이르기까지 모든 것을 '신의 순간'이라고 부르며 전능자를 길들인다.

그러나 하나님의 임재가 정말 강렬하게 보이고 느껴질 때가 있는데, 사가랴와 엘리사벳의 삶에서 그랬다. 사가랴는 모세의 형인 아론 가문의 제사장이었다. 엘리사벳 또한 아론 가문 출신이었다. 그래서 제사장의 기능과 의무가 그들의 핏속에 있었다.

24반열과 제사장의 가족이 있었는데, 각각 300명의 제사장이 있었다. 모든 반열은 일 년 중 2주 동안 성전에서 봉사할 수 있었으며, 주요 축제 외에는 모든 제사장이 도왔다.

누가가 묘사한 이 특정한 날은 사가랴에게 특별한 날이었다. 사가랴가 성소에 들어가 제단에서 분향하도록 선택되었기 때문이다. 이 영광을 누가 얻을 것인가를 결정하기 위해 제사장들은 제비를 뽑았다. 만약 선택된다면 이는 일생에 한 번뿐인 사건으로, 성전 제사장에게 있어 가장 큰 영광이 된다. 사가랴는 성전에서 주님 앞에 향을 바치는 사람이 되었다. 평생 기다린 일이었다. 의심할 여지 없이 바깥 뜰의 신실한 예배자 중에는 이 순간을 축하하고 지켜보기 위해 멀리서 온 친구들과 가족들이 있었다. 이 일 후 사가랴는 선택된 다른 사람들처럼 백성 가운데 영적 지도자로 여겨질 것이며, 모든 대화가 그의 이야기로 채워질 것이다. 그는 제단에 향을 피웠다.

켄트 휴즈 Kent Hughes 는 이 특별한 순간이 어떠했을지를 감동적으로 설명한다.

> 그런 다음 성소에 발을 들여놓을 순간이 왔다. 그 앞에서 홍색, 청색, 자주색, 금색으로 엮은 그룹들로 눈부시게 빛나는 화려한 지성소의 휘장이 올라갔다. 그의 왼쪽에는 진설병(하나님의 임재를 상징하는 빵)상이 있었다. 그의 바로 앞에는 뿔이 달린 금 향단이 있었다(출 30:1-10; 출 37:25-29). 그의 오른편에 황금 촛대가 서 있었다. 사가랴는 제단을 정화하고 향을 올리는 신호를 기쁜 마음으로 기다렸다. 그대로 제물은 기도의 달콤한 향에 싸여 하나님께 올라갔다.[14]

---

[14] R. Kent Hughes, *Luke (2 Volumes in 1 / ESV Edition): That You May Know the Truth* (Wheaton, IL: Crossway, 2014), 22.

이날은 특별한 날이었다. 사가랴가 향에 불을 붙이자 천사가 나타났기 때문이다. 성탄절 이야기를 잘 알고 있다면 쉽게 어깨를 으쓱하고 계속 나아갈 수 있다. 천사는 순록이나 겨우살이처럼 성탄절과 밀접하다.

그러나 사가랴 시대에 천사들은 헤롯 성전에 정기적으로 나타나지 않았다. 하나님의 백성은 400년 동안 하나님으로부터 어떤 소식도 듣지 못했음을 기억하자. 긴 침묵의 겨울을 지나 갑자기 예고도 없이, 500년 전 저녁 제사를 드릴 때 즈음 다니엘 앞에 나타났던 그 동일한 천사 가브리엘(단 9:21)이 이제 떨고 있는 제사장 사가랴 앞에 있었다.

천사가 방문한다면 당신은 어떻게 할 것인가? 사가랴는 다니엘과 동일하게 두려움에 엎드렸다. 오늘날 우리는 천사를 생각할 때 두려움을 갖지 않는다. 우리에게 '천사와의 접촉'은 영화 〈멋진 인생 It's a Wonderful Life〉[15]에서처럼 상냥한 메신저인 클라렌스Clarence 가 따라다니는 것과 같은 정도이다. 그러나 성경에서는 하나님의 사자가 도착했을 때 두려움을 불러일으켰다. 천사로 인한 두려움은 비록 축소된 의미에서조차 하나님의 거룩함과 강렬한 영광을 나타냈기 때문이다. 당시에 하나님은 도움이 될 수 있는 '위에 계신 분'으로 여겨지지 않았다. 하나님은 맹렬히 공격하시거나 나라를 심판하실 수 있

---

[15] 역주, 프랭크 카프라 감독의 1946년 영화로서 헐리우드적인 기적을 보여 준다.

는 분이다.

우리는 하나님의 성품이 2천 년 동안 변하지 않았다는 사실을 기억해야 한다. 물론 하나님은 그리스도 안에서 우리를 방문하셨고, 우리는 믿음으로 인격적인 친밀한 관계를 가질 수 있다. 예수님은 완전한 인간이시며 우리의 깊은 고통과 감정을 이해하신다. 그러나 예수님은 또한 하나님으로서 티끌로부터 우리를 빚으시고 별들을 제자리에 걸어 놓으신 분이다. 그러므로 가브리엘이 사가랴에게 "두려워하지 말라"(눅 1:13)고 한 말은 오늘날 우리에게도 유익한데, 하나님이 그리스도 안에서 자신을 우리와 화해시키셨기 때문에 우리는 두려워할 필요가 없다. 그러나 우리는 솔로몬의 기록처럼 지혜의 시작이 주님을 두려워하는 것이라는 사실을 기억해야 한다.

✦ 침묵과 믿음 ✦

하나님이 말씀하기로 택하신 곳이 이스라엘의 불법한 왕이 건축한 성전이었고, 후에 예수님이 폭로하셨듯이 종종 타락한 영적 지도력이 압도하였다는 사실은 역설 그 이상이다. 하나님은 그의 백성에게 새로운 일이 시작되고 있음을 알리고 계셨다. 새로운 날이 밝았다. 이스라엘의 오랜 역사, 즉 제사, 성전, 절기, 축제 등 모든 것이 인간의 모습으로 이 땅에 내려오시는 하나님 자신에서 절정에 이를 것이다. 성전과 더 나아가, 하나님의 흩어진 백성들 사이의 회당은 더 이상 하나님이 그의 백성을 만나시는 유일한 곳이 아니게 될 것이다.

가브리엘의 발표는 사가랴를 놀라게 했다. "너의 기도가 들렸다." 무슨 기도인가? 어떤 사람들은 자녀를 낳고자 하는 개인적인 오랜 열망을 의미한다고 추정한다. 다른 사람들은 천사가 성전에서 사가랴가 한 기도로서 이는 모든 신실한 유대인들이 메시아 오심을 열망하는 은밀한 기도를 가리킨다고 추정한다. 그러나 나는 말씀을 읽으면서, 혹시 천사가 한 말은 두 가지 의미 모두와 관련된 것이 아닐까 생각한다. 왜냐하면 아들에 대한 욕망도, 하나님 나라에 대한 갈망도 어떤 의미에서는 하나이기 때문이다. 매년 아이가 없는 오랜 세월의 괴로움과 어둠은 하나님이 오시기만을 소망하는 간절한 간청으로 옮겨졌을 것이다. 우리가 행하고 도달할 수 있을 것 같은 전능자를 향한 우리의 요청이 있다. 그리고 마치 우리가 해답을 목격할 수 있는 유일한 때가 하나님이 세상을 완전히 새롭게 하고 회복시켜 주실 때인 것처럼 냉소와 의심으로 보내는 우리의 요청도 있다.

- 우리는 우리의 거리에서 평화를 위해 기도하지만, 평화의 왕이 완전히 돌아오실 때만이 온전히 이를 보게 되리라는 사실을 안다.
- 우리는 그리스도인들 간의 화해를 갈망하지만, 모든 나라, 모든 족속, 모든 언어에 속한 형제자매의 참된 연합은 하나님의 보좌 중심으로만 이루어질 것임을 인정한다.
- 우리는 우리의 사랑하는 사람을 황폐하게 하는 병과 질병을 치유해 달라고 하나님께 간구한다. 그러나 선진 의학 시대임에도 예수님이 돌아오실 때에만 참된 치유가 온다는 사실을 이해한다.

이것이 스가랴가 매일 아픈 가슴으로 한 기도가 아닐까? 이것이 그가 제단 위에 향을 피울 때 그의 연약한 입술로 속삭인 기도가 아닐까? 우리는 알 수 없다. 그러나 우리는 가브리엘의 응답이 무엇인지 안다: "너의 기도가 응답되었다." 우리는 그 말이 사가랴에게 어떤 영향을 끼쳤을지 상상할 필요는 없다. 그는 오랫동안 기도했고, 오랫동안 갈망해 왔다. 오랜 세월 동안 많은 눈물이 함께했다.

지금 그 일이 일어나고 있었지만, 그는 믿을 수 없었다. 그래서 천사는 더 많은 권위로 다시 말하였다: "나는 하나님 앞에 서 있는 가브리엘이라 이 좋은 소식을 전하여 네게 말하라고 보내심을 받았노라."

연로한 제사장 사가랴와 가임기可妊期가 훨씬 지난 엘리사벳은 아기를 가지게 될 것이다. 뿐만 아니라 구약 선지자들에게 권능을 주시는 암시로서(렘 1:5), 그리고 요엘의 하나님 나라 성취를 믿는 모든 자(행 2:28)에게 하나님이 그의 성령을 부어 주시는 예시로서 성령의 권능을 얻게 될 것이다.

> 그 후에 내가 내 영을 만민에게 부어 주리니 너희 자녀들이 장래 일을 말할 것이며 너희 늙은이는 꿈을 꾸며 너희 젊은이는 이상을 볼 것이며 그 때에 내가 또 내 영을 남종과 여종에게 부어 줄 것이며(욜 2:28-29).

가브리엘은 요한이 엘리야의 심령으로 올 것이라고 말한다. 그는 엘리야와 같이 하나님의 백성에게 회개를 요청할 것이다. 요한의 사역은 분열과 회복 중 하나가 될 것이다. 그는 권력에 진실을 말할 것이다(그리고 그것을 위해 목숨을 잃었다). 그는 깊은 회개를 불러일으켜 이스라엘을 하나님께 돌릴 것이다. 그의 메시지는 선지자 미가의 마지막 말씀의 성취로서 '아버지들의 마음을 자녀들에게' 돌려줄 것이다. 그러나 궁극적으로, 특별한 이 아이는 사람들을 예수님께 인도하는 한 과제를 갖게 될 것이다.

사가랴의 반응은 충격적이게도 불신이었다. 그의 질문은 마리아의 질문과 혼동하기 쉽다. 동일한 천사가 몇 달 후 그녀에게 방문해 훨씬 더 기적적인 탄생을 약속하였다. 그러나 마리아의 문의는 신뢰로 가득 차 있었다: "어찌 이 일이 있으리이까?" 그러나 사가랴의 반응은 냉소와 의심이 둘러싸고 있었다.

"저는 너무 늙었고, 제 아내는 가임기가 지났습니다." 그의 모습은 다윗이나, 하박국이 "여호와여 어느 때까지니이까?"라고 여쭈며 하나님께 던진 힘들고 어려운 의심과도 달랐다(시 13:1; 합 1:2 참조). 이는 미래에 있을 예수님의 죽음과 부활에 대해 베드로가 선언한 말과 같다: "이런 일들이 있어서는 안 됩니다." 이는 하나님의 계획을 반대하는 선언이라 할 수 있다. 이와 같은 말은 언약의 벼랑 끝에 서서 하나님이 가나안에서 불가능한 일을 하실 수 없다고 선언한 하나님 백성의 믿음 없는 불순종과 같다.

하나님은 우리의 의심을 듣고 질문을 받으며, 우리의 고뇌에 찬 외침 듣기를 좋아하신다. 그러나 하나님이 불가능한 일을 하실 수 있다는 것을 신뢰하지 않으려 하는 불신은 죄다. 그러하기에 사가랴는 엘리사벳의 임신 기간 동안 말을 하지 못하는 형벌을 받게 되었다.

오히려 어떤 면에서 이 고통은 형벌이 아닌 하나님의 선물이다. 말을 하지 못하게 되니 그는 하나님 앞에서 침묵 가운데 앉아 있게 되었으며, 마음속의 복잡한 생각과 주위의 소음을 잠재울 수 있었다.

어떻게 보면 이것은 하나님이 우리 모두의 마음에 하고자 하는 일이시다. 성탄절은 침묵을 실천하고 앉아 하나님의 음성에 귀 기울이고, 종종 우리를 믿음에서 멀어지게 하는 생각과 정보를 치울 수 있는 좋은 시간이다. 하나님 백성에게 축복을 전하던 제사장은 침묵하게 됨으로써 하나님 언약의 가능성을 새로운 믿음으로 나타내게 될 것이다.

때때로 하나님은 그분의 말씀을 들을 수 있도록 우리를 조용히 시키신다. 때때로 우리는 그분의 움직임을 볼 수 있도록 가만히 있어야 한다. 때때로 우리의 말과 분주함은 믿음을 방해하며 우리의 심장에 부정적인 껍질을 형성한다.

✦ 여명을 기다림 ✦

사가랴와 엘리사벳의 삶에서 새롭게 발견된 기쁨을 상상해 보라. 그들은 수십 년의 불임과 절망과 불신을 겪은 후 부모가 될 뿐만 아니라 구약의 마지막 선지자이자 메시아의 오심을 선포하는 선구자를 양육하게 될 것이다.

엘리사벳의 기쁨은 천사 가브리엘의 방문을 받은 어린 사촌 마리아를 맞이했을 때 더욱 분명해졌다. 마리아의 뱃속에 성령으로 잉태한 하나님의 아들이 있다는 소식을 들었을 때 그녀에게서 하나님을 향한 경배가 터져 나왔다.

> 내 주님의 어머니가 나를 찾아오다니 이 얼마나 영광스러운 일인가(눅 1:43; 현대인의성경).

그녀는 기뻐서 어쩔 줄 몰랐다. 자신에게도 기적의 역사가 함께하고 있었으나 그녀는 자신을 빠르게 지나 아직 태어나지 않은 그리스도를 바라보았다.

나는 누가가 묘사한 이 장면 전체에 충격을 받았다. 나이 많은 임산부가 어린 사촌 임산부를 축복하다니! 아기 요한은 자궁 안에서 아기 예수를 경배하며 뛴다. 여기서 이브에게 하신 약속, 출산의 고통이 성취되었다. 한 선지자와 그리스도 아기 그리고 새 탄생의 여명이다.

플레밍 러틀리지 Fleming Rutledge 는 엘리사벳의 기쁨을 다음과 같이 설명한다.

> 엘리사벳의 초자연적인 기쁨의 외침은 아이의 탄생을 생각하는 평범한 인간의 즐거움과 아무 관계가 없다. "네가 지극히 높으신 이의 선지자라 일컬음을 받고 주 앞에 앞서 가서 그 길을 준비하여 주의 백성에

게 그 죄 사함으로 말미암는 구원을 알게 하리니"(눅 1:76-77)는 자신의 운명에 이미 활기를 띠었던 세례 요한의 계시적인 발길질에 대한 그녀의 반응이다. 여기에는 거짓된 순수함도, 모성에 관한 감상적인 미화도 없다. 하지만 세계사의 전환점, 즉 인류의 현장에 하나님 자신의 등장 소식이 있다.[16]

'파멸과 새로운 탄생'은 기독교의 핵심인 성탄절의 실제 이야기다. 사라의 죽은 자궁에 생명을 탄생시키신 동일한 하나님이 엘리사벳과 마리아에게 생명을 불어넣으셨다. 그리고 이 아기, 즉 예수의 생명과 죽음과 부활은 하나님 백성에게 새로운 탄생을 불어넣는다.

이 주제는 사가랴가 천사를 처음 본 지 9개월 만에 요한이 태어났을 때 사가랴의 기도에 반영되었다. 오랫동안 잠잠했던 사가랴는 이제 순종과 믿음의 회복을 경험하였다. 그는 먼저 손으로 글을 쓸 서판을 찾아 기록함으로써 그의 새 아들을 '요한'이라고 명하도록 지시하였다. 일반적으로 아버지가 자신의 이름을 따서 아들의 이름을 짓는 것이 관례였지만, 하나님의 놀라운 신실하심에 겸손해지고 회개함으로 깨진 사가랴는 전능하신 분에게 복종하였다. 회개의 모든 진실한 행위는 깨어짐과 순종으로 만나게 된다. 항상 낡은 방식의 부

---

16   Rutledge, *Advent*, 378.

서짐이 있다. 여기서 값싼 은혜는 없다.

하나님은 엘리사벳 안에 새로움을 탄생시키셨을 뿐만 아니라 사가랴 안에서도 새로움을 탄생시키셨고, 그의 백성 안에서도 새로움을 탄생시키셨다. 이것은 종종 베네딕투스Benedictus라고 불리는 사가랴의 노래가 성경에서 가장 아름다운 구절 중 하나인 이유이다. 이는 수많은 열망과 갈망의 성취와 그리스도 안에서 무엇인가 새로움이 왔다는 신호를 반영한다.

> 찬송하리로다 주 이스라엘의 하나님이여 그 백성을 돌보사 속량하시며 우리를 위하여 구원의 뿔을 그 종 다윗의 집에 일으키셨으니 이것은 주께서 예로부터 거룩한 선지자의 입으로 말씀하신 바와 같이 우리 원수에게서와 우리를 미워하는 모든 자의 손에서 구원하시는 일이라 우리 조상을 긍휼히 여기시며 그 거룩한 언약을 기억하셨으니 곧 우리 조상 아브라함에게 하신 맹세라 우리가 원수의 손에서 건지심을 받고 종신토록 주의 앞에서 성결과 의로 두려움이 없이 섬기게 하리라 하셨도다 이 아이여 네가 지극히 높으신 이의 선지자라 일컬음을 받고 주 앞에 앞서

가서 그 길을 준비하여 주의 백성에게 그 죄 사
함으로 말미암는 구원을 알게 하리니 이는 우리
하나님의 긍휼로 인함이라 이로써 돋는 해가 위
로부터 우리에게 임하여 어둠과 죽음의 그늘에
앉은 자에게 비치고 우리 발을 평강의 길로 인도
하시리로다(눅 1:67-79).

높은 곳에서 일출, 즉 여명이 우리를 찾아왔다. 이것은 새로운 새
벽이다. 이사야를 인용하면 "어둠과 죽음의 그늘에 앉아 있던 사람
들"이 이제 빛을 갖게 될 것이다. 사가랴는 이제 그의 이야기를 아브
라함에서 다윗까지의 긴 이야기 중 일부로 본다. 오랫동안 기다려 오
던 때가 왔다. 이스라엘의 서사, 즉 아브라함에서부터 말라기에 이
르는 모든 인생 이야기는 단지 예수님의 웅장한 이야기 안에서 작은
드라마에 불과하다.

성탄절 메시지는 기적의 헛된 희망을 담은 감성적인 분위기를 만
드는 것이 아니다. 하나님이 예수 안에서 새로움을 탄생시켰다는 사
실을 믿게 한다. 하나님은 이로 인해 당신과 내 안에 새로움을 탄생
시키실 것이다. 이 새로움은 오늘날에도 여전히 깨진 세상 속에서
하나님 백성들의 가슴속에서 일어나고 있다. 죄 많은 죽은 심장이
생명을 되찾는다. 우리는 성탄절에 조용히 앉아 또 다른 강림절을

기다린다. 그 아기가 왕으로 돌아올 때 마음을 회복하고 세상을 새롭게 하는 사명을 완수하게 될 것이다.

학습 성찰

1. 우리는 종종 성탄절을 감상적으로 다루고, 하나님께서 오늘의 세계와 같이 부서진 세계사의 시간으로 들어오셨다는 걸 잊는다. 개인으로든 그룹으로든 성탄절이 종종 세상의 어두움을 가리는 미봉책으로 사용되는 방법에 대해 생각해 보자.

    a. 우리가 매일의 뉴스에서 볼 수 있는 악은 무엇인가?
    b. 우리 마음에 있는 깊은 어두움은 무엇인가?
    c. 우리가 성탄 이야기를 말하는 방법은 무엇인가?

2. 가브리엘이 다니엘 9장에서 다니엘을 방문한 것과 누가복음 1장에서 사가랴를 방문한 것을 비교하고 대조해 보자.

3. 가브리엘에 대한 사가랴의 반응에 대해 논증하고 토론해 보자.

a. 하나님과의 참된 씨름과 죄가 되는 의심의 차이점은 무엇인가?

b. 사가랴의 반응은 마리아의 반응과 어떻게 다른가?

4. 당신이나 당신의 가족이 '침묵 가운데 앉아' 성탄절에 새롭게 태어날 것이라는 약속을 묵상할 수 있는 방법은 무엇인가?

a. 며칠 동안 화면을 끌 수 있는 방법이 있는가?

b. 당신은 성탄절 기간 중에 쉼과 묵상을 위한 공간을 만들었는가?

c. 당신은 12월 동안 예배와 기대를 중심으로 당신의 가정생활에 어떻게 집중하고 있는가?

성탄절 찬양 제안

"O Come, O Come, Emmanuel"[17]

---

[17] 역주, 유튜브 검색을 통해 찬양을 들을 수 있다. 본 곡은 찬송가 104장의 "곧 오소서 임마누엘"과 동일하지만 영문 가사는 보다 길고 시적이다. 가사를 음미하며 찬양에 집중할 때 그리스도를 기다리는 이스라엘의 오랜 소망을 느끼게 될 것이다.

3

마리아,
모든 것의 중심에 있는
소박한 소녀

제 3 장

마리아, 모든 것의
중심에 있는 소박한 소녀
눅 2:26-56

마리아가 이르되, 내 영혼이 주를 찬양하며
내 마음이 하나님 내 구주를 기뻐하였음은
그의 여종의 비천함을 돌보셨음이라 보라
이제 후로는 만세에 나를 복이 있다 일컬으리로다
눅 1:46-48

콜로라도 주 월시는 그저 작은 마을이 아니다. 나는 지리를 잘 알지 못하지만 도시 크기에 대한 일반적인 규칙이 있다. 달러 제너럴Dollar General [18]을 찾기 위해 한 시간, 월마트Walmart를 찾기 위해

---

18   역주, 주로 저소득층을 대상으로 저가 상품을 판매하는 미국의 유통 기업

한 시간 그리고 스타벅스Starbucks를 찾기 위해 한 시간을 운전해야 한다면, 당신은 당신이 작은 도시에 있다는 걸 알게 될 것이다.

콜로라도주 월시는 그런 도시다. 이곳에 내 여동생과 남편과 가족이 살고 있다. 얼마 전에 나는 그들을 방문했다. 나는 미국의 작은 마을에서 삶이 느려지는 방식과 어떻게 대도시 혹은 중간 크기의 미국 도시에 사는 사람들(나와 같은)이 생각 없이 이들 마을을 쉽게 지나칠 수 있는지, 그리고 어떻게 주요 언론들이 이 지역의 시각을 담은 모습을 거의 다루지 않았는지 충격을 받았다. 아주 작은 이 마을에도 대도시에서 살고 있는 사람들과 같이 자신의 희망과 꿈을 성취하기 위해 애쓰며 자신들의 삶을 살아가는 사람들이 있다.

콜로라도 주 월시는 그곳에 사는 사람을 아는 경우에만 방문하게 되는 그런 마을이다. 구글에서는 정말로 크게 확대해야만 볼 수 있다. 그럼에도 불구하고 이런 종류의 마을에 천사 가브리엘은 하나님 아들의 탄생을 알렸다.

나사렛은 당신의 지도에 빨리 나타나지 않을 것이다. 나사렛에 가려면 다윗의 도시인 예루살렘과 유대 민족의 종교 생활의 중심지를 우회해야 한다. 나사렛에 가려면 당신은 가장 바람직하지 않은 가이사 제국의 일부인 유대로 곧장 가야 한다. 나사렛은 워낙 후미진 곳이라 제자가 될 나다나엘이 예수님에 대해 가장 먼저 한 말이 "나사렛에서 무슨 선한 것이 날 수 있느냐?"였다. 다시 말해, 그는 "아무도 존중하지 않는 지역에서 온 사람에게 내가 왜 관심을 가져야 할까?"라고 물었던 것이다.

사실 성탄절 이야기를 다시 쓸 수 있다면, 우리는 여기서 대부분 편집할 것이다. 나사렛 같은 곳에서 영웅이 나오게 할 수는 없다. 그럼에도 불구하고 여기서 우리는 성탄절 이야기의 서막을 발견한다.

더구나 가브리엘은 이 소식을 헤롯의 딸이나 엘리트 유대 사회의 일원이 아닌 나사렛에 사는 가난하고 무지하며 하찮은 유대인 소녀 마리아에게 전하기로 하였다. 우리가 이번 강림절을 축하하며 성탄절의 모든 인물을 살펴볼 때, 마리아만큼 이 신성한 이야기의 중심에 있을 것 같지 않은 사람이 없다. 마리아에게서는 탁월함을 찾을 수 없다. 그녀는 나사렛에 있는 다른 모든 유대인 시골 처녀와 같이 단순한 꿈을 꾸며 평범한 마을에서 평범한 삶을 살고 있었다. 가브리엘이 그녀의 집으로 내려오기 전, 목사이자 작가인 켄트 휴즈Kent Hughes가 그녀의 미래를 어떻게 묘사하는지 들어 보자.

> 모든 지표로 볼 때 그녀의 삶은 특별하지 않았을 것이다. 그녀는 순순히 결혼하고, 궁핍한 중에 많은 아이를 낳았고, 집에서 몇 마일 이상을 여행하지도 않았으며, 언젠가 그녀 앞의 수많은 다른 사람들처럼 죽었다―아무것도 없는 한적한 도시에 사는 보잘것없는 사람으로.[19]

19　R. Kent Hughes, "Christmas Is for the Poor and Humble," Crossway, December 16, 2015, https://crossway.org/articles/christmas-is-for-the-poor-

그럼에도 불구하고 그리스도 아기의 첫 번째 소식을 받았을 뿐 아니라, 하나님의 아들을 낳도록 하나님께 선택을 받은 사람이 마리아이다. 마리아가 순전한 믿음으로 자진하여 하나님께 예라고 대답한 이 사건은 하나님에 대해 더 많은 진실을 알려 준다. 우리는 종종 하나님이 비상한 은사로, 부유하고 유대가 깊은 사람들 사이에서 역사하신다고 생각한다. 그러나 성탄절 이야기는 우리에게 하나님이 가장 소외된 사람들 사이에서 역사하시며, 성경 전체에 엮인 구원의 실이 많은 작은 마을과 연약해 보이는 생명을 관통하고 있다는 점을 상기시킨다.

아무도 마리아의 이름을 알지 못했다. 오직 하나님 외에 아무도! 하나님은 당신의 이름을 알고 계신다. 이것이 바로 하나님이 임마누엘이시라는 뜻이다. 하나님은 낮아진 자, 마음이 낮은 자를 방문하시며, 깨지고 통회하는 사람들 사이에 거하신다. 찬송가 작가 찰스 웨슬리Charles Wesley 의 말을 인용하자면, 예수님은 "우리의 슬픔을 맛보시기 위해 이 땅에 오셨다. 그의 영광은 끝이 없다."

and-humble/.

✦ 어둠 속의 외침 ✦

성탄절을 완전히 이해하려면 누가복음의 배경에 집중해야 한다. 가브리엘의 마리아 방문은 전혀 예상치 못한 일이었다. 하나님의 백성은 지치고 좌절했다. 한때 다윗이 통치하고 솔로몬 왕 아래 번성하던 강한 나라였지만, 이스라엘은 두 나라로 나뉘었고, 종종 그들의 백성을 약탈하고 참된 하나님 예배로부터 멀어지게 하는 악한 통치자들이 다스렸다. 때때로 부흥과 회복의 시기도 있었다. 심지어 고향으로 돌아가 그들의 도시와 성전을 재건하기도 하였다. 그러나 그들은 결코 이전의 영광으로 돌아가지 못할 것이다. 선지자들은 내내 다윗의 왕국이 회복되고 고통을 받는 종-왕servant-king 이 오셔서 그들을 구원하고 평화와 번영으로 인도할 때가 올 것이라고 약속하였다. 그러나 점점 이러한 약속을 고수하기가 어렵게 되었다.

그동안 세상은 전진하고 있었다. 알렉산더 대왕은 이 땅을 정복하였고, 그리스 문화와 언어를 확립하였다. 그 후 로마인들은 그리스를 정복했고 그리스 문화를 지키면서도 그들만의 이교적인 관습을 제정하였다.

그러나 이 역시 하나님이 역사하셨던 것으로 보인다. 선지자들은 하나님의 백성에게 예언하기를 멈췄다. 400년 동안 하나님이 침묵하시는 것 같았다. 메시아에 대한 거짓 주장들이 왔다가 사라졌다.

마카비Maccabees 라는 가문의 반란은 회복의 새로운 희망을 되살렸지만 결국 로마의 권력에 의해 무너졌다. 이제 그들은 가이사가 임명한, 사람들에게 불신을 받는 무자비하고 부패한 총독 헤롯의 지배를 받았다.

그래서 신약성경을 볼 때 하나님의 약속에 대해 냉소적인 사람들 사이에서 마리아를 발견하게 된다. 그들은 로마의 지배 가운데 파벌(바리새인, 사두개인, 로마에 충성하는 자들)에 따라 분열되어 있었고, 가이사 궁전의 부패와 종교 지배층 사이에서 지쳐있었다. 그들은 약속을 믿었다. 유대인들의 믿음이었기 때문이다. 그러나 메시아가 과연 그들 때에 오시고, 그들 가운데 오시겠는가? 대부분은 소망을 잃었다.

그럼에도 불구하고 이 절망적인 한겨울 가운데, 어두운 세상 가운데, 실의에 빠진 백성들에게 하나님은 개입하셔서 하나님의 아들이 온다고 선포하셨다.

이것은 성탄절 서사에서 가브리엘의 두 번째 등장이었다. 몇 달 전에 그는 마리아의 사촌 엘리사벳의 남편 사가랴에게 나타났었다. 이는 예상치 못한 또 다른 구상, 즉 세례 요한이 되며 마지막 구약의 선지자로서 예수님의 길을 준비할 아기를 선언하는 것이었다.

가브리엘의 존재는 중요하다. 성경 중 그의 유일한 모습은 다니엘서에서 나온다. 가브리엘은 이스라엘의 미래 멸망과 기름 부음 받은 자의 오심에 관한 하나님의 계획을 밝혔다. 그 기름부음 받은 자는 이제 나사렛에 있는 이 어린 시골 소녀의 태에서 살게 될 것이다. 가브리엘은 영원한 구속 계획을 시작하기 위해 보내진 하나님의 특별한 메신저 천사였다. 400년이 지난 후 다시 한 번 하나님의 백성에게 빛이 비춰졌다.

✦ 가장 적절한 때에 At Just the Right Time ✦

마리아에게는 놀라운 일이었을지 모르지만 천사 가브리엘의 출현은 너무 빠르지도 늦지도 않았다. 알다시피 우리는 성탄절 이야기를 실제로 일어난 일로 본다. 그러나 우리는 종종 그 일이 '금방' 일어난 일이 아니라는 사실을 간과할 때가 있다. 하나님이 로마 제국 뒤편 작은 마을에 사는 어린 10대 소녀를 방문하심은 세상이 시작되기 오래전에 계획되었다(벧전 1:20). 한때 성탄절 이야기에 의심이 많았던 자로서 하나님과 믿기 힘든 만남을 가졌던 사도 바울은 갈라디아 사람들에게 발생한 이 모든 일에 대해 "때가 차매"(갈 4:4)라고 말했다.

아담과 하와가 불순종의 쓴 열매를 먹었을 때 처음 약속된 인류를 향한 하나님의 구원은 성경을 통해 그 길이 엮였다. 하나님은 한 가족을 부르시고 아브라함을 통해 열방이 축복을 받을 것이라고 약속하셨다(창 12:17). 그 후 아브라함의 가족은 나라가 되었고, 불순종하였지만 그들의 불순종은 메시아를 보내시겠다는 하나님의 약속을 무효로 할 수 없었다. 하나님은 가장 위대한 이스라엘의 왕 다윗에게 다윗의 후계자 중 한 사람이 보좌에 앉는 영원한 왕국에 대해 말씀하셨다(삼하 7장).

그리고 다윗 이후 하나님의 백성이 큰 환난 중에 흩어지고 반항하며 불순종하고 환멸을 느꼈을 때, 하나님은 그의 선지자들을 통해 말씀하셨다. 새로운 왕국이 밝아 오면 다윗보다 더 나은 새로운 왕이 올 것이다. 그리고 이 왕은 어린 처녀에게서 태어날 것이다.

> 이사야가 이르되 다윗의 집이여 원하건대 들을지어다 너희가 사람을 괴롭히고서 그것을 작은 일로 여겨 또 나의 하나님을 괴롭히려 하느냐 그러므로 주께서 친히 징조를 너희에게 주실 것이라 보라 처녀가 잉태하여 아들을 낳을 것이요 그의 이름을 임마누엘이라 하리라(사 7:13-14).

세상이 잠들어 있었는지도 모른다. 이스라엘은 준비되지 않았을 지도 모른다. 그러나 하나님이 마리아를 방문하셨던 그 운명적인 날, 영원한 구원의 계획은 예정대로 시작되었다. 가브리엘은 말하였다.

> 보라 네가 잉태하여 아들을 낳으리니 그 이름을
> 예수라 하라 그가 큰 자가 되고 지극히 높으신
> 이의 아들이라 일컬어질 것이요 주 하나님께서
> 그 조상 다윗의 왕위를 그에게 주시리니 영원히
> 야곱의 집을 왕으로 다스리실 것이며 그 나라가
> 무궁하리라(눅 1:31-33).

이 순간 이 단어들에 담긴 풍부한 상징의 순간을 생각해 보라. 다윗의 아들과 결혼하려는 다윗의 딸 마리아는 다윗의 영원한 아들을 자신의 태에 품었다. 그리고 더 나아가 하와의 딸인 마리아는 첫 번째 아담의 불순종으로 인류와 우주에 전해진 저주를 되돌리기 위해 둘째 아담을 태에 품었다.

성탄절의 대표적 아이콘이 된 인기 있는 현대 그림이 있다. 단순하지만 강렬한 예술 작품이다. 마리아는 하와를 위로하고 있으며, 죄책감에 고통을 받는 하와는 마리아 안에 있는 아기를 향해 위를 보고 있다. 하와의 한 손에는 금지된 열매가 있다. 그러나 다른 손은 마리아의 뱃속에 있어 언젠가 첫 번째 가족이 인도한 죄와 죽음을 물리칠 그녀의 태의 열매를 숙고하게 한다. 그들의 발아래엔 뱀이 있다. 뱀은 하와를 얽어매지만, 마리아는 자신 있게 밟고 있다. 마리아의 순종은 하와의 불순종을 끝내는 데 도움이 될 것이다.

첫 여자의 열매가 세상에 죽음과 죄를 가져다 준 것처럼 여자의 열매는 죄와 죽음을 물리칠 것이다. 찬송가 작가인 찰스 웨슬리 Charles Wesley는 다음과 같은 멋진 찬송시를 썼다.

> 일어나소서, 여자의 정복하는 씨여
> 우리 안에서 뱀의 머리를 부수소서
> 이제 당신의 구원하시는 권능을 드러내소서
> 타락한 본성을 이제 회복시키소서

✦ 어떻게 이런 일이 있을 수 있을까? ✦

누가는 가브리엘의 출현에 대한 마리아의 초기 반응이 다소 회의적이라고 기록한다. 이것은 자연스러운 인간의 반응이다. 하나님은 400년 동안이나 말로, 혹은 그의 선지자들을 통해 이스라엘에게 말씀하지 않으셨다. 비록 우리 도서관과 서점이 종종 천사에 관한 책으로 가득 차 있고 요즘에는 유령에 대한 주장도 꽤나 자주 있지만, 성경은 천사와 하나님 백성 간의 접촉을 거의 기록하고 있지 않다. 우리는 흔한 일이라고 생각할지 모르지만, 성경에 기록된 수천 년의 역사 속에서 날개 달린 생명체들이 나타난 귀중한 순간은 거의 없다.

마리아는 흔들렸다

그리고 나는 우리 또한 흔들릴 것이라고 생각한다. 그러나 무엇보다 그녀를 혼란스럽게 했던 천사의 말은 "은혜를 받은 자여!"(눅 1:28)이다. 작은 마을에 사는 알려지지 않은 어린 십 대 소녀 마리아! 아마도 그녀는 경건하여 유대인의 종교적인 관례를 따랐을지 모르지만, 확실히 천사가 방문할 정도로 자신이 특별하거나 합당하다고 생각하지 않았다. 그러나 천사는 다음과 같은 말로 그녀를 안심시켰다.

"무서워하지 말라."

당신은 성탄절 이야기에서 이런 단어들이 자주 등장한다는 사실을 알게 될 것이다. 천사들이 나타날 때마다 사람들은 무서워했다. 이것은 누구에게나 동일하다. 오늘날 우리는 1세기의 사람들처럼 하나님을 두려워하지 않는다. 어쩌면 그것이 문제일지도 모른다. 우리는 하나님을 너무도 쉽게 '위에 계신 분the man upstairs'이라고 부르고, 예수님을 '우주 최고의 친구cosmic running buddy' 정도로 취급한다. 그러나 1세기 세계에서 하나님의 백성은 하나님이 나타나시는 것을 원하지 않았다. 왜냐하면 하나님이 그렇게 나타나실 때 그들 자신이 하나님의 면전에 서 있을 자격이 없다는 사실을 잘 알았기 때문이다. 그들은 모세가 하나님의 얼굴을 볼 수 없었고, 그가 시내 산에서 돌아왔을 때 해와 같이 빛나는 얼굴을 하고 있었다는 사실을 기억하고 있었다.

하나님은 오직 성전에서, 그리고 오직 특정한 날과 조건에서 만나야 했다. 이스라엘 백성은 그들의 죄와 하나님의 거룩하심을 알고 있었다.

그러나 천사는 마리아에게 반복하여 말한다: "네가 하나님께 은혜를 입었느니라"(눅 1:30). 여기서 천사의 말이 뜻하는 바가 무엇인가? 우리는 대부분 이를 하나님의 구속 계획의 일부로 마리아가 특별한 소명을 받았다는 의미로 해석한다. 이는 사실이다. 그럼에도 불구하고 마리아에게 이와 같은 특별 은혜의 근거는 아무것도 없다. 그런데도 하나님은 그녀를 찾아가셨고 그리스도 아기를 낳도록 선택하셨다.

마리아는 "글쎄요, 당신이 메시아를 낳도록 저를 선택하셨군요. 저는 제 위치에서 제가 해야 할 바를 다 했어요. 저는 모든 유대 법과 관습을 지켰어요. 저는 신실해요. 그리고 솔직히 저희 가족은 자질적으로도, 사회경제적으로도 적합해요."라고 말하지 않았다.

그렇지 않다. 마리아는(그리고 우리 역시) 하나님의 은총을 받을 자격이 없다는 것을 알고 있었다. 마리아가 하나님의 방문을 받은 것처럼 우리 자신을 기독교인이라고 부르는 우리도 기적적으로 하나님의 방문을 받았다. 우리는 하나님의 은혜를 받을 자격이 없지만, 마리아처럼 그 아기의 생명 때문에 우리는 하나님의 친구라고 불릴 수 있다.

나는 평생 하나님을 우리 아버지라고 부르고, 예수 그리스도를 통해 평화를 누리며, 새로운 왕국에서 영원을 약속받은 우리가 구원받은 '넘치는 은혜 unmerited favor'(받을 자격이 없는 자에게 값없이 주시는 은혜)를 잊지는 않았는지 궁금하다. 때때로 우리는 구원받을 자격이 있다고 느끼고 마치 우리가 스스로 얻은 선물인 양 행동한다. 어쩌면 이번 성탄절은 천사가 그녀에게 말했을 때 마리아가 경험한 충격과 경외심으로 돌아가야 할 때가 아닌가 싶다: "은혜를 받은 자여!"(눅 1:28).

마리아는 무력했다

마리아의 첫마디는 질문 형식이었다: "어찌 이 일이 있으리이까?" 때때로 우리는 마리아의 질문과 사가랴에게서 발견한 죄된 의심을 혼동할 때가 있지만 이는 엄연히 다르다. 사가랴는 엘리사벳(마리아의 사촌)이 아들을 낳게 하는 하나님의 능력을 정당하게 의심했지만, 마리아는 좋은 면에서 호기심이 있었던 것이다.

어찌 이 일이 있으리이까? 어떤 의미에서 마리아의 질문은 그녀에게 당연하다. 그녀는 말 그대로 요셉과 성관계를 갖지 않은 상태에서 어떻게 아이를 임신할 수 있는지 궁금했다. 마리아의 이 질문은 어떤 의미에서 시대의 문제다. 아브라함은 어떻게 하나님이 자신을 여러 민족의 아버지로 만들 수 있는지 궁금했다. 다윗은 하나님이 어떻

게 자신의 왕좌를 영원히 이어갈 수 있을지 궁금했다. 그리고 선지자들은 주님의 말씀을 전하는 동안 어떻게 다가올 왕이 고통받는 종인 동시에 승리하는 왕이며, 인간인 동시에 하나님이신지 궁금했다.

사실 마리아의 질문은 또한 우리의 질문이기도 하다. 이런 일들은 인간의 수단으로 할 수 없다. 그러므로 성탄절은 우화가 아닌 기적이다. 신학자 플레밍 러트리지 Fleming Rutrege는 이렇게 기록했다.

> 자연적 방법으로는 하나님의 아들을 데려올 수가 없었다… 하나님인 아이를 낳는 것은 인간 부모의 능력을 넘어선다. 인류는 참되고 지속적인 평화를 가져오는 것 이상으로 예수님을 낳을 수 없다. 오직 하나님만이 그 일을 하실 수 있다. 오직 하나님만이 그 일을 하실 것이다. 마리아는 요셉만큼 무력했다. 인간의 불가능성은 하나님의 저항할 수 없는 능력으로 극복된다.[20]

이것이 천사의 정확한 응답이다. "그래, 마리아야. 이것은 인간의 능력으로는 불가능하지만, 불가능의 주인이신 하나님께 불가능은 없어. 신비한 방법으로 하나님의 성령이 마리아의 자궁을 '덮어' 버

---

20 Fleming Rutledge, *Advent: The Once and Future Coming of Jesus Christ* (Grand Rapids: Eerdmans, 2018), 388.

릴 거야." 이 같은 언어는 종종 하나님의 영광인 그의 '임재의 영광 shekinah presence'에서 사용된다. 성전과 장막을 통해서만 중재될 수 있는 신비 속에 자신을 가리신 하나님은 이제 그의 백성의 육체를 방문하실 것이다.

성육신은 하나님의 일이시다. 오직 마리아만이 하나님의 아들을 갖는 특권을 받았지만, 우리도 그 아들을 믿음으로 하나님을 아는 가운데 기적을 목격한다. 우리의 구원은 그리스도의 탄생만큼 가능성이 없기 때문이다. 어떻게 이 일이 있을 수 있을까? 우리는 궁금한 점을 질문해야 한다. 어떻게 거룩한 하나님이 비참한 죄인들에게 구원을 베푸실 수 있을까? 어떻게 한때 죽은 곳에 새 생명이 태어날 수 있을까?

성경은 있을 것 같지 않은 출산에 어떤 상징을 갖고 있다. 하나님은 사라의 불모의 자궁을 여셨고 아브라함에게 기적의 아들을 주셨다. 하나님은 한나의 불모의 자궁을 여셨고 기적의 미래 제사장 사무엘을 주셨다. 하나님은 엘리사벳의 자궁을 여셨고 예수님의 선구자인 사가랴 세례 요한을 주셨다.

여기서 요점은 불임 부부의 출산 때문이 아니라 하나님이 죽음에서 탄생을 가져오는 유일한 분이시기 때문에 기뻐한다는 점이다. 이것이 예수님이 종종 '거듭남'이라는 관점에서 구원의 틀을 잡은 이유이다. 예수님은 당시 유명한 종교 지도자인 니고데모에게 하나님의 나라에 들어가기 위해서 '너는 반드시 거듭나야만 한다'고 말씀하셨다. 그리고 바울은 에베소 사람들에게 보낸 편지에서 하나님이 죽음에서 생명을 창조하신다는 용어로 구원을 설명하였다.

이 풍성한 탄생 이미지의 모든 요점은 하나님의 나라에 들어가는 것과 우리의 마음을 변화시키는 것으로, 오직 하나님만이 그분의 성령을 통해 하실 수 있다는 것이다. 이는 인간 중심의 종교적인 틀에 반하는 급진적인 생각이다. 우리는 우리를 구원할 우리 밖에 있는 누군가가 필요하다.

오늘날 사람들은 하나님의 은총을 얻기 위해 발버둥치고 있다. 그들은 정치에서, 권력에서, 약물에서 구원을 찾고 있으며, 자기 계발과 심지어 종교까지도 찾는다. 그러나 인간의 노력으로는 구원에 도달할 수 없다.

구원의 유일한 길은 마리아를 덮으신 동일한 성령께서 이제 믿음으로 우리 안에 거하시고 하나님의 새로운 피조물인 백성 안에 새로운 생명을 낳으시는 것이다.

✦ 마리아가 승낙한 말 ✦

천사의 말에 마리아는 간략하게 대답하였다. "주의 여종이오니 말씀대로 내게 이루어지이다"

다른 말로, 하나님께 예Yes라고 대답한 것이다. 그러나 이것을 단순한 허락으로만 보아서는 안 된다. 마리아가 무엇을 받아들였는지 생각해 보자.

마리아는 믿기 힘든 사회적 오명을 가져오게 될 미혼 임신의 수치를 견뎌야 함에 동의하였다. 그녀의 친구와 가족은 성령이 방문하셨다는 그녀의 주장을 믿을까? 요셉이 그녀와 함께 있을 것인가? 아니면 그녀를 멀리할 것인가? 우리는 이야기의 끝을 알고 있지만 마리아는 그렇지 않다.

마리아는 하나님의 아들을 양육함에 동의하였다. 낳은 아기를 기르는 것도 어렵겠지만 하나님의 아들을 양육해야 하는 부담을 상상해 보라. 아이가 감기에 걸릴 때마다, 친구들과 놀기 위해 집을 나설 때마다, 요셉의 목공소에서 날카로운 칼을 집어 들 때마다 느낄 그녀의 두려움을 상상해 보라. 물론 하나님의 계획에 따른 예수님의 삶이겠지만 마리아가 짊어질 책임의 무게는 엄청났을 것이다.

마리아는 평생 동안 있을 감정의 롤러코스터에 동의하였다. 그녀는 그가 수많은 사람을 먹이고, 죽은 사람들을 일으키며, 물 위를 걷는 것을 볼 것이다. 그러나 또한 그녀는 때때로 그가 그의 가족과 고향 친구들에게 당하는 조롱과 야유와 비웃음을 목격할 것이다.

마리아는 그를 가까이서 붙들어 주어야 할 것이다. 그리고 ... 그를 놓아 주어야 할 것이다. 그녀는 그를 먹이고 입히고 흔들어 재워야 할 것이다. 그리고 그가 극복하고 성인이 되는 것을 볼 것이다. 그녀는 결혼식에서 그에게 꾸짖음을 받게 될 것이다.

하지만 무엇보다도 마리아는 앞으로 올 일을 알고 있었다. 그녀는 갈보리가 가져올 모든 것을 이해하지 못했을 수도 있지만, 그녀의 아들이 부당하게 그의 동족인 그녀의 백성들에 의해 심문에 넘겨지는 날을 두려워할 만큼은 충분히 알고 있었다. 그녀는 성전에서의 시므온 예언을 통해 그가 맞아서 의식을 잃고, 나무에 매달려 그의 손에 못 박히고 옆구리에 칼이 꽂힐 것이라는 예감을 느낄 만큼 충분히 알고 있었다. 모든 부모의 악몽은 자신의 자녀가 받는 고통을 보는 것이다. 마리아는 가능한 한 가장 예리하고 고통스러운 방법으로 살게 될 것이다.

이와 같은 삶을 마리아가 승낙한 것이다. 그럼에도 불구하고 그녀는 예라고 대답했다. "예, 할게요, 주님." 마리아는 그 말을 했을 때 떨었을지도 모른다. 하지만 그녀는 선택의 여지가 없었다. 그녀는 모든 참된 신자들이 하나님이 방문했을 때 대답한 동일한 응답을 하였다. 이것이 참된 사실이라면, 그녀의 태 안에 있는 아기가 그녀와 모든 믿는 자들을 그들의 죄에서 구원할 메시아라면, 당연히 그녀는 그렇다고 대답해야 했다.

그리고 오늘 여러분과 나와 같은 사람들에게도 동일한 질문이 제시되고 있다. 당신은 예수님께 무엇이라고 말하겠는가? 당신은 예라고 대답하겠는가? 당신은 마리와 같이 당신의 꿈을 외면하면서 당신을 위해 죽은 그분께 예라고 대답하겠는가?

마리아는 오직 예라고 대답할 수밖에 없었다. 약 30년이 지난 어느 날, 그녀의 아들이 하나님께 예라고 대답할 것이기 때문이다. 예수님이 동산에서 하나님의 진노의 잔에 예라고 대답하셨음으로 인해 마리아는 제자로의 힘든 부르심에 예라고 대답할 수 있었다. 우리의 예라는 대답은 예수님이 그 아버지께 예라고 대답하셨기 때문에 가능하게 되었다. 하나님은 메시아의 어머니인 마리아가 외진 마을의 겸손한 십 대 소녀에서 초대 교회의 기둥에 이르기까지 격려해 가실 것이다.

✦ 마리아의 노래 ✦

천사의 소식에 대한 마리아의 첫 반응은 단순한 '예'였다. 그러나 그녀의 사촌인 엘리사벳를 방문하여 소식을 나누고 (아마도 그녀가 요셉 외에 이야기한 첫 사람이었을 것이다) 이 경건한 멘토의 확증을 통해 자신의 소명을 본 후, 마리아는 2천 년 동안 하나님의 사람들에 의해 불려온 아름다운 찬송가를 썼다.

성모 마리아 송가는 단순한 성탄절 시 이상으로, 혁명의 노래인 것처럼 느껴진다.

> 내 영혼이 주를 찬양하며 내 마음이 하나님 내 구주를 기뻐하였음은 그의 여종의 비천함을 돌보셨음이라 보라 이제 후로는 만세에 나를 복이 있다 일컬으리로다 능하신 이가 큰 일을 내게 행하셨으니 그 이름이 거룩하시며 긍휼하심이 두려워하는 자에게 대대로 이르는도다 그의 팔로 힘을 보이사 마음의 생각이 교만한 자들을 흩으셨고 권세 있는 자를 그 위에서 내리치셨으며 비천한 자를 높이셨고 주리는 자를 좋은 것으로 배불리셨으며 부자는 빈 손으로 보내셨도다 그 종 이스라엘을 도우사 긍휼히 여기시고 기억하시되 우리 조상에게 말씀하신 것과 같이 아브라함과 그 자손에게 영원히 하시리로다(눅 1:46-55).

마리아는 모든 것을 알지 못했다. 마리아는 천사가 자신에게 말한 모든 것을 이해하지 못했다. 마리아는 다른 모든 죄인과 마찬가지로 의심과 걱정과 두려움에 빠지기 쉬운 사람이었다. 그러나 마리아는 자신이 아는 것에 매달렸다. 그녀의 태 속에 있는 아이는 평범한 아이가 아니었다.

그는 '권세 있는 자를 그 위에서' 내리고 '마음의 생각이 교만한 자들'을 흩을 것이다. 이 아이는 마리아를 포함한 그의 백성을 그들의 죄에서 구원할 것이다. 이 아이는 죄의 저주를 뒤집을 것이다. 이 아이는 열방을 다스릴 것이다.

마리아는 하나님의 구속 역사의 페이지를 돌아보며, 하와를 향한 하나님의 약속과 아브라함과의 언약으로 돌아가서 그 이야기에서 자기 자신을 볼 수 있었다. 군주와 궁궐이 아닌 예수님을 맞을 만큼 겸손한 사람들 가운데 먼저 흐르는 거꾸로 된 하나님 나라의 본질을 깨달은 것이다.

당신은 지금 당신이 중요하지 않은 보잘 것 없는 곳, 하나님이 버린 것처럼 보이는 곳에서 읽고 있을 수 있다. 그러나 하나님은 당신의 이름을 알고 계신다. 당신은 거절당하거나, 어긋나거나 혹은 눈에 띄지 않을 수 있지만 하나님이 기꺼이 승낙하신다면 당신은 왕 중의 왕에 의해 다시 태어날 수 있다.

마리아는 누더기에서 부자가 된 이야기를 갖고 있다. 예수님이 그녀를 유명하게 만들었기 때문이 아니라 예수님을 영접하는 모든 사람처럼 죽음에서 삶으로, 영혼의 가난에서 하늘의 부로 옮겨졌기 때문이다. 이것은 마리아의 여정일 뿐만 아니라 믿음으로 예수님을 만나는 모든 사람의 여정이다.

학습 성찰

1. 마리아를 선택하신 사건에서 알 수 있는 하나님은 어떤 분이신가?

    a. 나사렛은 하나님이 방문하시는 장소에 대해 무엇을 말하는가?

    b. 마리아의 연약함은 하나님이 부르시는 사람들에 대해 무엇을 말하는가?

    c. 성탄절에 우리는 왕을 맞이할 겸손한 자세를 가지고 있는가?

2. 마리아의 믿음을 통해 알 수 있는 믿음이란 무엇인가?

    a. 있을 수 없는 사건을 맞이한 마리아를 통해 배울 수 있는 믿음은 무엇인가?

    b. 우리는 마리아의 순종에서 무엇을 배울 수 있는가?

3. 창세기부터 요한계시록에 이르기까지 하나님의 계획은

우리에게 하나님의 신실하심에 관해 무엇이라 말하는가?

    a. 하와는 마리아와 어떤 연관이 있는가?

    b. 아브라함에게 한 언약은 마리아와 어떤 연관이 있는가?

    c. 다윗과 맺은 언약은 마리아와 어떤 연관이 있는가?

4. 우리는 예수님의 신비한 탄생으로부터 무엇을 깨달을 수 있는가?

    a. 성경에서 신비한 탄생을 추적함으로써 배울 수 있는 점은 무엇인가?

    b. 이러한 탄생은 우리 자신의 영적인 거듭남과 어떤 관련이 있는가?

5. 마리아가 하나님께 드린 '예'라는 대답에서 우리는 무엇을 배울 수 있는가?

    a. 마리아는 어떻게 예라고 대답할 수 있었을까?

    b. 우리는 어떻게 예라고 대답할 수 있을까?

    c. 순종하도록 마리아를 부르심은 오늘날 수많은 믿음의 요청과 얼마나 다른가?

성탄절 찬양 제안

"Mary, Did You Know?" by Clay Aiken[21]

"What Her Heart Remembered" by Michael Card[22]

---

21   역주, 본 곡은 마리아를 향해 그녀가 품고 있는 아기가 미래에 베풀 이적과 구원을 소개하며, 그 아기가 바로 하나님이요 만물의 주로서 하늘의 완전한 어린 양이시며 모든 나라를 통치하실 분임을 상기시킨다. 특별히 천사가 마리아에게 아기의 모든 비밀을 가르쳐 주는 듯한 독특한 관점을 갖고 있어 흥미롭다. 제안한 찬양을 유튜브에서 검색해 살펴보면 가사를 이해할 수 있는 뛰어난 영상을 볼 수 있다. 원서에서는 원곡자인 마크 로리(Mark Lowry)를 추천했지만 영상미를 생각해 클레이 에이킨(Clay Aiken) 버전을 소개한다.

22   역주, 본 곡은 제3자의 입장에서 마리아를 관찰하는 모습을 섬세하게 담고 있다. 아기의 달콤한 숨소리, 부드러운 한숨, 부드럽게 삼키는 소리 등 청각적인 요소에서 강하고 온유한 손, 짙고 어리둥절한 눈동자 등 시각적인 요소로 이어져 역동적인 모습들이 더욱 정감있게 느껴진다. 특별히 마리아가 사랑 때문에 깊고 어두운 눈물을 흘릴 거라는 미래적인 메시지는 그녀가 아기로 인해 어떠한 삶을 살게 될지 알게 한다. 또한 찬양을 부르는 마이클 카드의 따뜻한 음성은 우리의 감성을 깊게 터치한다.

4
천사들의 노래

제 4 장

천사들의 노래
눅 2:13-14

> 홀연히 수많은 천군이 그 천사들과 함께
> 하나님을 찬송하여 이르되 지극히 높은 곳에서는
> 하나님께 영광이요 땅에서는 하나님이 기뻐하신
> 사람들 중에 평화로다 하니라
> 눅 1:13-14

성탄절 이야기에서 공중에 맴도는 한 등장인물, 아니 더 정확히 말해서 여러 등장인물이 있다. 그들은 인간도 신도 아니다. 때때로 그들은 배경에 떠다니는 것처럼 보이며, 다른 때에는 앞장서서 예수님의 탄생에 대한 좋은 소식을 전한다. 성경에서 우리는 천사들을 만나지 않고 성육신 이야기로 들어갈 수 없다.

먼저 가브리엘이라는 천사가 성전에 나타났다. 제사장 사가랴가 제단에 향을 피우는 사역에 주의를 기울이고 있을 때였다(눅 1:11-19). 어리둥절한 사가랴가 떨며 아무 말도 하지 못하자 천사는 사가랴의 아내 엘리사벳이 곧 엘리야와 같은 특별한 아들을 임신할 것이라고 선포한다.

몇 달 후, 가브리엘은 마리아라는 가난한 십 대 소녀의 집에 나타난다. 여기서 천사는 이 어린 처녀의 아이가 하나님의 아들이 될 것이라는 보다 더 불가능한 임신을 선포한다.

그리고 한 번이 아닌 두 번, 한 천사가 그렇게 생각하지 않는 마리아의 남편에게 보내졌다. 천사는 이 임신이 실제로 하나님의 일이며 부정의 결과가 아니라고 함으로써 그를 안심시켰다.

어느 날 밤 천사들은 평소와 같이 조용한 베들레헴 하늘을 채우고, 목자의 들판 위에 맴돌며, 이들 천한 사람들에게 그들의 조용한 마을에 크고 특별한 일이 일어나고 있다고 전하였다. 첫 번째 성탄절의 아름다운 장관은 내슈빌의 작사가들이 아닌 하늘에서 온 사자들에 의해 작성되었다.

천사들이 단지 좋은 소식만을 전하기 위해 보냄을 받은 것은 아니다. 불법적이고 무자비한 왕으로부터 아기 왕을 보호하기 위해서도 파송되었다. 한 천사가 동방 박사의 수면을 방해하여 그들로 여정을 바꿔 무자비한 헤롯이 생명 부여자 life-giver 의 삶을 끝내지 못하도록 막았다. 또한 한 천사가 세 번째로 요셉에게 와서 – 이 일 후 그가 하룻밤을 푹 자는 것이 얼마나 힘들었을지 상상해 보라 – 그에게 그의 가족을 데리고 헤롯의 칼을 피해 이집트로 가라고 하였다.

당신은 천사 없는 성탄절 이야기를 말할 수 없다.

✦ 구원의 증인 ✦

예수님의 탄생을 그들의 시점에서 바라본다면 어떤 모습일까? 이 정점에 오르기 위해 우리는 베들레헴의 고요하지 않은 밤, 성전에서 가브리엘이 나타나기 전, 심지어 창세 전까지 돌아가야 한다. 성경은 천사들이 창조의 여명기에 참석했고(욥 38:7), 하나님의 장엄한 구원 계획을 펼치기 위해 궁중 자리를 지켰다고 말한다.

이들 존재 주위에 많은 신비가 있지만, 우리는 천사들이 그리스도에 의해 그리고 그리스도를 위해 창조되었다는 것을 알고 있다(골 1:16). 영들은 때때로 지상 임무를 수행하기 위해 인간의 형상을 취하였으며(히 1:14), 인간과 달리 번식할 수 없었고, 죽지 않았다(눅 20:36). 그들은 또한 인간과 달리 초자연적인 힘을 가지고 있는 것 같다. (요한계시록 10:2에서 한 거대한 천사는 바다 위에 발을, 그리고 땅 위에 발을 두고 있다.) 천사들은 또한 감성과 지성과 의지를 가지고 있는 것처럼 보인다.

세상에 얼마나 많은 천사가 있을까? 사실 우리는 잘 모른다. 히브리서 저자는 그들의 숫자는 헤아릴 수 없다고 말한다(히 12:22). 성경의 다른 곳에서는 그들의 수를 만만이요 천천이라 한다(시 68:17; 계 5:11). 성경에서 천사들은 다양한 역할을 수행한다. 그들은 변론하고, 지키며, 전쟁을 수행하고, 선포하며, 가르치고, 위로하며, 인도한다. 그러나 대부분 하늘의 사자들은 삼위일체 하나님을 경배하는 하나의 책무를 갖고 있다.

천사가 언제 창조되었는지 성경에 명확하게 나타나지는 않지만, 교회 역사상 대부분의 학자들과 신학자들은 하나님이 세상을 창조하시기 전에 하늘에서 우주 전쟁이 있었다고 믿었다. 아름답고 재능 있으며 하나님의 아름다움을 반영하기 위해 창조된 가장 높은 천사 루시퍼는 전능하신 분을 대적하였다(사 14:12-17). 성경은 천사의 3분의 1이 루시퍼 편을 들었다고 한다(계 12:4). 그래서 루시퍼와 그의 악마들은 하나님이 맹세하신 적이 되었다.

그러나 나는 이 전쟁이 두 중량급의 대등한 전투가 아니었다고 확신한다. 욥기는 피조물인 사탄이 악을 행하더라도 하나님이 허락하신 신비한 뜻대로만 행할 수 있음을 상기시킨다. 하나님은 궁극적으로 루시퍼를 물리쳐 온 세상에 하나님의 영광을 나타내실 것이다. 하나님은 루시퍼의 타락에 흔들리지 않으신다.

천사들은 하나님이 세상을 창조하신 증인으로, 삼위일체께서 그분의 말씀으로 우주를 형성하는 것을 경이로움으로 지켜보았다(창 1장; 욥 38장). 하늘의 예술가는 자신의 창의적인 붓으로 우주를 가로질러 다양한 종류의 동물들, 하나님의 완벽한 아름다운 생태계에 어울리는 식물들을 그린다. 그들은 각 작품의 단계에서 하나님의 선포를 들었다: "좋았다."

하지만 하나님의 놀라운 새 작품에서 무엇인가 빠진 것이 있었다. 창조의 화폭은 미완성이었다. 하나님은 잠시 멈추셨다. 나는 여기가 천사들이 놀라 숨을 쉴 수 없었을 것으로 상상한다. 하나님은 지구를 손길이 닿지 않는 박물관 작품이 아닌 자신만의 작업실로 만드셨다. 지구는 창조주를 반영하면서도 새로운 창조 도구를 취하고 그들만의 창조를 수행하는 예술가로서 새롭고 특별한 존재가 필요했다. 그래서 삼위일체 모든 구성원의 계획적인 심의 끝에 성부 하나님은 말씀하셨다: "사람을 만들자."

창세기의 저자인 모세는 그와 같은 풍성한 언어로 인간 생명의 창조를 이야기하며, 하나님이 한 줌의 먼지를 붙잡기 위해 그분의 새로운 세계로 내려오신 것을 묘사한다. 이 신선한 흙으로부터 창조주는 사람을 조성하시고, 이 첫 번째 사람에게 생명을 부드럽게 불어넣으신다. 이 살과 피로부터 하나님은 여자를 조성하시고, 다시 살과 피와 힘줄을 만드신다. 인간은 새로운 구별된 창조물이 될 것이다.

인간은 마음을 가질 것이다. 인간은 영혼을 가질 것이다. 인간은 '이마고 데이 imago Dei', 즉 하나님의 형상 안에서 만들어질 것이다.

이 모든 것에서 우리는 천사들이 자발적으로 기뻐했다는 걸 알고 있다. 욥기는 창조 당시 열린 하늘에서의 연주회에 대해 다음과 같이 말한다. "그때에 새벽 별들이 기뻐 노래하며 하나님의 아들들이 다 기뻐 소리를 질렀느니라"(욥 38:7).

천사들의 관점에서 이것은 영광스러운 순간이자 하나님의 위엄이었다. 하나님은 충족을 얻기 위해 다른 존재와의 친밀감을 필요로 하지 않으신다. 영원토록 아버지, 아들, 성령은 끊임없이 친밀함으로 소통하신다. 다른 피조물들은 영원히 창조를 경배할 것이다. 그러나 이 새로운 존재는 하나님을 사랑할 수도, 거부할 수도 있다.

천사들은 하나님이 무엇을 하고 계시는지 궁금해한다. 그들은 에덴의 입구를 지키며 하나님과 인간의 순수한 소통을 바라보고 이 일을 곰곰이 생각한다. 남자와 여자는 서로 즐기며 하나님과 연합하여 걷는다. 인간은 하나님의 새로운 세계에 청지기 직분을 시작한다.

천사들이 알고 있는 숨어 있는 적, 사탄은 하나님이 자신의 형상을 지닌 사람들과 즐기는 친밀함을 질투로 바라본다. 거짓말의 아버지인 사탄은 뱀에게 들어가 천천히 속임수를 시작한다.

천사들이 지켜본다. 인간은 왜 뱀을 창조하신 분 대신 뱀을 선택할까? 그들은 왜 그들을 창조하신 분이 그들의 기쁨을 막고 감추고 계신다는 뱀의 거짓말을 믿을까?

하지만 사건이 벌어졌고 새롭고 아름다운 세상은 어두워졌다. 죄는 천천히 그리고 확실히 모든 것을 부패시켜 하나님의 아름다운 세상의 모든 조각에 죽음을 초래한다. 하나님의 형상을 지닌 자들은 원수와 파괴적인 동맹을 맺었기에 에덴에서 쫓겨났다.

천사들은 하나님의 속성을 알고 있다. 그들은 그분이 어떤 일에도 놀라지 않으신다는 사실을 안다. 그래서 그들은 이와 같은 비극적인 사건 속에서도 하나님의 영광이 어떻게 나타날지 지켜본다. 그들은 하나님의 심판과 소망의 말씀을 경청한다(창 3:15).

천사들은 하나님이 역사를 펼치시는 모습을 경이로움으로 바라본다. 그들은 하나님이 공중의 권세를 잡은 지배자인 사탄의 일을 지배하고 계심을 알고 있다. 그들은 하나님이 사랑하시는 피조물을 구원하기 위해 펼치시는 계획을 보고 참여한다. 그것은 뒤틀려 있으며, 오직 구원의 작은 빛만 있는 아주 고통스러운 이야기다.

> 천사들은 하나님이 역사를 펼치시는 모습을 경이로움으로 바라본다.

천사들이 죄가 부패하여 인류를 압도하는 모습을 지켜보는 반면 하나님은 신실한 노아의 단 한 가족을 통해 구원하시고 회복시키신다.

천사들은 하나님이 아브라함이라는 우상을 숭배하는 이방인을 추적하시는 모습을 관찰한다. 그는 부족한 믿음으로 알지 못하는 여행을 따라간다. 하나님은 아브라함으로부터 한 백성을 세우신다. 그들은 때로는 하나님의 지시를 따르고, 때로는 어긴다. 이 나라로부터 하나님은 자기 형제들 가운데서 가장 작은 무명의 양치기 소년을 뽑아 왕관을 씌우신다. 이 연약한 전사 - 왕으로부터 이스라엘보다 더 큰 새로운 왕국의 씨앗이 나올 것이다.

하지만 천사들 또한 사탄의 어둡고 분명한 특징을 본다. 대대로 하나님의 백성은 내적인 적과 외적인 적에 맞서고 있다. 우상 숭배와 회개의 순환은 결국 정복자의 심판으로 이어진다. 왕들과 여왕들은 루시퍼의 영을 전달하고 언약을 파괴하려 하지만 하나님은 그의 언약을 지키고 남은 자를 보존하신다. 천사들은 선지자들이 심판을 경고하나 에덴의 저주가 돌아오고 하나님이 새로운 일을 행하시리라는 미래 왕과 왕궁에 관한 언약을 듣는다.

그들은 하나님이 이스라엘을 열방에 흩으시고, 그 땅에 남은 자들을 모으시는 걸 지켜본다. 그러나 마지막 예언자가 말할 때 침묵은 수 세기를 채운다. 하나님의 백성은 전쟁으로 노리개가 된다. 거짓 메시아가 세상에 나타나 희미한 거짓 구원에 지친 비관적인 사람을 희롱한다.

그런 다음 그들은 새로운 사실을 알리기 위해 먼저 가브리엘을 소환한다. 그들은 앞으로 펼쳐질 일을 거의 믿거나 이해할 수 없다. 창조주는 자신의 창조물을 바로 구원하지 않는다. 아들은 ... 인간이 될 것이다. 그리고 그는 눈부신 예복과 멋진 화려함으로 나타나지 않을 것이다. 그는 시내 산처럼 눈을 멀게 하거나 에덴에서처럼 하늘의 우렁찬 소리로 말하지 않을 것이다. 하나님은 무르고 약하여 의존해야 하는 연약한 아기로 세상에 오실 것이다.

그래서 그들은 사가랴와 마리아와 요셉에게 알렸다. 그들은 목자들을 향해 축하 행사로 땅을 가득 채운다. 그들은 동방 박사에게 경고한다.

천사들은 또한 예수님이 장성했을 때 부름을 받았다. 유혹의 시간에 그들은 첫 번째 아담이 실패한 곳에서 두 번째 아담이 번영할 것임을 증명하면서 그를 새롭게 하였다. 그들은 예수님이 동산에서 아버지의 잔을 받았을 때 예수님을 강하게 하였다. 그들은 예수님의 요청에 따라 로마 처형자들을 전멸시키기 위한 군대 소집에 불참하였다. 그리고 그들은 흰옷을 입고 돌 위에 앉아 첫 번째 방문객들이 예수님의 빈 무덤의 의미를 이해하기 위해 애쓰는 모습을 이상히 여기며 지켜보았다. 천사들은 그가 다시 살아나실 것을 알고 있었다. 죄와 죽음과 무덤을 이기시는 하나님의 권능을 알고 있었기 때문이다.

이것으로 예수님의 지상 사역이 종료되었지만 그렇다고 그들의 사역이 종료된 것은 아니다. 예수님이 승천하실 때 그들은 당황한 제자들을 꾸짖었다. "이 같은 예수님은 언젠가 다시 권좌로 돌아올 것이다. 그러니 가라." 그들은 말하였다. "세상에 전하라!"

이전에 두려워하던 사람들은 이스라엘 전역과 마침내 세계 주위로 나아갔다. 그들은 하나님의 영이 내려와 새로운 제자들의 무리에서 활동을 탄생시키는 것을 보았다. 그들은 때로 행동하도록 소환되었다. 감옥에서 사도들을 해방하고, 복음 전도를 위해 빌립을 파송하며, 열방에 복음이 전파된다는 징표로써 로마 이방 사람 고넬료에게 나타나고, 감옥에서 베드로를 풀어 주며, 예수님의 형제를 죽인 사악한 왕 헤롯의 생명을 빼앗기도 했다.

천사들은 예수님이 사울을 박해자에서 대변자로 변모시키는 모습을 놀라움으로 지켜보았다. 그리고 한 천사가 이 전령을 난파선을 통해 이방 사람에게 인도하여 가이사 궁정에 들어가게 하였다.

우리는 마지막으로 천사가 외딴 밧모 섬으로 여행하는 모습을 보며, 마지막 남은 사도에게 시대의 종말에 대한 환상을 이야기하는 것을 본다. 요한의 계시는 모든 민족과 지파가 하나님의 보좌에 모여 예배하며 새 예루살렘으로 인도하는 천사들을 보여 준다. 그들은 선포한다. "거룩하다 거룩하다 주 하나님 곧 전능하신 이여 전에도 계셨고 이제도 계시고 장차 오실 이시라"(계 4:8).

✦ 천사들의 소리 듣기 ✦

별빛 아래 목자들의 들판으로, 혹은 양들의 울음소리에 고요함이 잦아드는 베들레헴의 그날 밤으로 돌아가 보자. 로마의 대리석 홀에서 궁전에 이르기까지 온 세상의 그 밤은 아주 평범했다. 때는 로마 제국의 평화 시기로, 역사는 평탄한 평원을 달리는 것 같았다.

하지만 천사들은 알고 있었다. 갈라디아서의 말씀을 인용하자면 '때가 찼다 when the fullness of time had come'는 걸 그들은 알고 있었다. 인류의 모든 역사는 이 순간을 향해 흘러가고 있었다. 가까운 마을 한 구유에서 한 아기가 태어났다. 사람들은 신경을 쓰지 않았다. 아기는 전 세계에서 매일 매분 태어난다.

하지만 천사들은 이 일이 중요하다는 사실을 알고 있었다. 인간에게 생명을 불어넣으신 동일한 창조주께서 그가 만드신 세상에 복종하여 그의 첫 숨을 쉬셨다. 예수님은 아기인 척한 것이 아니라 실제로 아기로 나셨다.

천사들의 노래는 계속되는 창의적 합창의 시작에 불과했다. 성육신은 우리에게 가장 아름다운 경배를 불러일으킨다: 마리아 찬가 Mary's Magnificat, 엘리사벳의 찬가 Elizabeth's Beatitude, 사가랴의 찬가 Zechariah's Benedictus, 시몬의 찬가 Simeon's Nunc Dimittis (직역하면 "바로 지금 가게하소서").

천사들은 성육신이 하나님의 영광과 사랑, 거룩함을 드러내는 것이기에 기뻐하며 찬양하였다. 사도 바울은 후에 "크도다 경건의 비밀이여 ... 그는 육신으로 나타난 바 되시고"(딤전 3:16)라고 기록하였다. 그분은 신비롭고 아름다운 구세주이시다.

찬송가 작가 찰스 웨슬리는 우리에게 성탄절에 천사들의 노래를 들으라고 손짓하였다. '들으라hark'는 듣는 것과 귀를 기울이는 행위를 의미한다. 이 전령들은 무엇을 말하고 있는가?

21세기가 지난 우리에게 이 말은 부서지고 다루기 힘든 세상이 전부가 아니라고 하는 것이다. 그날 밤 베들레헴에서 그 합창을 듣는 사람은 거의 없었지만 목자들과 같이 마음이 부드럽고, 전능하신 분께 일치된 자들은 합창을 들었다. 마리아와 요셉과 사가랴와 엘리사벳과 동방 박사, 그리고 시므온과 안나처럼 기대하면서 기다리고 있는 사람들이다. 만일 당신이 그리스도를 기대하고, 그분을 찾으면 그분이 오실 것이다. 만일 당신이 서기관들이나 종교 지도자들처럼 믿지 않는다면, 여러분은 천사들의 노래를 듣지 못할 것이다.

> 만일 당신이 그리스도를 기대하고, 그분을 찾으면 그분이 오실 것이다.

이것은 우리가 모호하게 어떤 성탄절 정신을 '그냥 믿으라'고 촉구하는 명절 고전들처럼 일반적인 '믿음'을 가리키지 않는다. 이것은 갑자기 하늘의 군대를 보았던 엘리야의 종과 같이 성령이 보이지 않는

제4장 천사들의 노래

것에 우리의 눈을 뜨게 하기 위함이다.

믿음은 성경을 읽고 멀리서 천사들의 목소리를 듣는 것이며, 경배함으로 우리의 무릎을 꿇고 처음 우리에게 생명을 주신 창조주를 따르는 것이다.

✦ 영광스런 하루 ✦

천사들은 "땅 위에 평화요, 사람들에게 선의로다 Peace on earth, good will toward men: KJV"라고 하였다. 그러나 원어는 실제로 우리에게 "선의를 가진 사람들에게 땅 위의 평화 peace on earth toward men of good will"라고 하였다. 다시 말해 평화를 경험하는 사람들은 이 아기 그리스도께서 가져오신 희생으로 마음이 깨끗해진 사람들이다.

예수님이 가져오신 평화는 최초의 세계 평화나 통일이라는 천상의 개념이 아니다. 그분은 하나님과 인간 사이에 평화를 가져오셨다. 마지막 유월절 어린 양의 희생을 받아들이는 자들을 향한 평화다.

천사들은 하나님과 그분의 백성 사이의 특별한 관계를 볼 수만 있다. 하나님은 오직 인간만이 경험하는 사랑으로 우리를 사랑하신다. 천사들은 우리처럼 그분의 사랑을 알 수 없다. 베드로는 천사들이 구원의 증거를 "살펴보기를 원한다"(벧전 1:12)고 기록하였다. 그들은 우리처럼 하나님을 사랑할 수도, 하나님의 사랑을 받을 수도 없다. 켄트 휴즈는 다음과 같이 우리를 상기시킨다.

> 우리는 모두가 거기에 얼마나 가고 싶었는지, 양치기 양의 귀에 앉은 파리가 되기를 바랐다. 실제로 천국의 합창단이 중요한 역할을 하지만, 지상에서 우리는 하나님의 은혜를 받는 자들이기 때문에 최상의 구성원 best part 이라고 할 수 있다. 하나님은 천사가 아닌 사람이 되셨으며, 천사가 아닌 우리를 구원하셨다. 우리가 최상의 구성원이며 우리는 영원토록 하나님을 찬양할 것이다.[23]

천사들은 은혜를 받을 수 없다. 그러나 그들은 당신과 나를 향한 하나님의 큰 사랑을 보고 증언한다. 당신은 그리스도인으로서 강림절이 지날 때 하나님이 당신을 얼마나 사랑하시는지를 놓쳐서는 안 된다. 예수님은 우리에게 오셔서 자신을 낮추시고 아기가 되셨다. 그분은 인류의 모든 걸림을 견뎌내셨다. 그분은 죄 많고 가난하며 비참한 사람들 사이에 사셨다. 왜 그러셨을까? 바로 우리를 향한 사랑 때문이다.

---

23   R. Kent Hughes, *Luke (2 Volumes in 1 / ESV Edition): That You May Know the Truth* (Wheaton, IL: Crossway, 2014), 90.

천사들은 하나님이 우리를 얼마나 사랑하시는지 안다. 창조부터 종말까지 모든 계획을 알고 있기 때문이다. 그들은 그리스도께서 자신의 신부를 얻으려 애쓰시는 것을 본다.

천사들은 우리가 공유하지 않은 관점을 가지고 있지만, 대신 하나님은 우리를 하나님을 기쁘시게 하는 믿음으로 행하도록 부르신다(히 11:6). 천사들은 믿음을 보여 줄 수 없다. 그들은 우리가 믿음으로 살 때만 하나님의 영광을 보며 주시할 수 있다. 그러나 성탄절 이야기를 기뻐함으로써, 이 강림절을 묵상함으로써 우리는 천상의 환상을 살짝 엿볼 수 있다.

따라서 우리는 이 세상의 전쟁과 가난과 인종 차별과 질병과 폭력에서 눈을 뜨기 시작한다. 그리고 천사들처럼 하나님이 역사를 자신에게 모으실 때 우리의 모든 날이 하나님에 의해 모이게 됨을 알 것이다.

그리고 어느 영광스러운 날, 예수님은 승리하신 왕conquering King 으로서 다시 오실 것이다. 그는 완전한 공의로 인도하실 것이며, 우리는 세상의 왕들과 여왕들로서 그분과 함께 다스릴 것이다. 이 새로운 도시인 새 예루살렘에서 우리는 천사들의 예배로 인도되며 완벽한 조화를 이루게 될 것이다.

그리고 각각 여섯 개의 날개를 가진 네 생물은 사방에 눈이 가득 차 있어 밤낮없이 이렇게 말한다.

거룩하다 거룩하다 거룩하다 주 하나님 곧 전능하신 이여 전에도 계셨고 이제도 계시고 장차 오실 이시라(계 4:8).

학습 성찰

1. 이 장의 첫 부분에 설명된 대로 에덴에서 베들레헴, 새 예루살렘으로 가는 천사들의 여정에 대해 묵상해 보자. 예수님의 이야기가 성경을 통해 그리고 역사를 통해 흐르는 방식을 생각해 보자.

2. 누가복음 1장과 2장 그리고 마태복음 1장과 2장의 이야기를 읽어 보자.
    a. 천사의 특징을 적어 보자.
    b. 마리아와 요셉과 목자들과 동방 박사에게 보낸 메시지는 무엇이었는가?

3. 하나님의 창조에서 천사의 경험과 인간의 경험을 비교해 보자.

4. '천사들의 음성을 듣는 것'과 '그리스도 아기를 경배하는

것'에서 관심을 돌리게 하는 유혹 세 가지를 기록해 보자.

5. 오늘날 천사들이 어떤 활동을 하고 있다고 생각하는가?

성탄절 찬양 제안

"Hark! The Herald Angels Sing" by BYU Vocal Point[24]

"Angels We Have Heard on High" by Libera[25]

---

[24] 역주, 찬송가 126장 "천사 찬송하기를"과 동일한 찬양으로, 영문 가사는 예수 그리스도의 탄생과 그에 따른 의미 그리고 그리스도의 신분 설명과 그리스도를 찬양하는 천사들의 영광스러운 모습이 상세히 담겨 있다. 제안한 찬양은 오직 목소리만으로 연주하는 남성 보컬 찬양으로 웅장하고 정밀한 음악 구성을 특징으로 한다.

[25] 역주, 찬송가 125장 "천사들의 노래가"와 동일하다. 제안한 찬양은 '리베라'라는 소년 합창단이 부른 찬양으로 아름다운 음색과 화음은 듣는 이들로 하여금 그리스도를 찬양하는 천사의 음성을 듣고 있는 듯한 감격을 느끼게 한다.

5

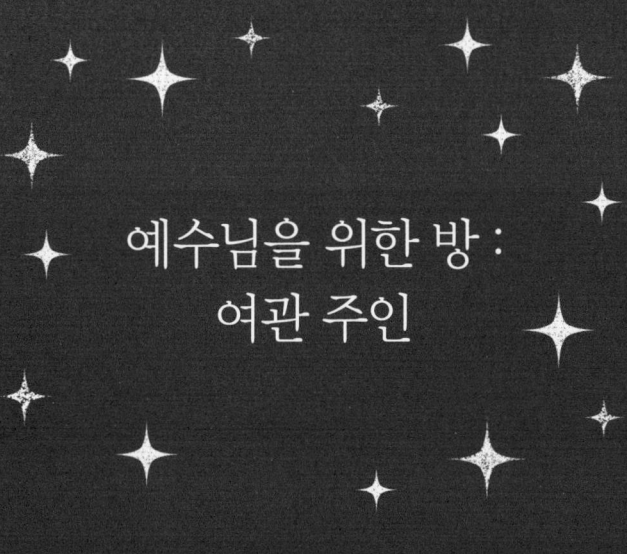

예수님을 위한 방 :
여관 주인

제 5 장

예수님을 위한 방 : 여관 주인
눅 2:7

첫아들을 낳아 강보로 싸서 구유에 뉘었으니
이는 여관에 있을 곳이 없음이러라
눅 2:7

　무슨 까닭인지 어떤 이들은 따뜻한 침대를 버리고 '별 아래서' 자는 것을 '좋다'라고 생각한다. 나 역시 별을 좋아하고 야외를 좋아하지만, 왜 사람들이 냉난방 시설이 되었고 안락한 침대가 있는 현대 시대에도 굳이 야외에서 잠자기를 시도하는지 이해하기 어렵다.

　당시 15살이었던 나는 슬프게도 기독교 고등학교 통과 의례인 연례행사를 맞이하였다. 우리는 아름답고 때 묻지 않은 북부 미네소타에 있었다. 2주를 머무는 동안 사람들은 침낭과 베개를 가지고 밖으로 나와 하룻밤을 자곤 했다.

4월, 미네소타의 밤, 어리석게도 나는 침낭 하나가 나를 따뜻하게 해 주기에 충분하리라고 생각했다. 하지만 그렇지 못했다. 나는 최대한 모닥불 가까이에 누웠지만 걷잡을 수 없는 추위에 잠들지 못한 채 밤새도록 뒤척이며 시계만 들여다보았다. 이날은 내가 지금까지 겪어 본 최악의 밤 중 하나였다. 하지만 최악은 아니었을지도 모른다.

우리 대학의 음악 여행 동아리가 어느 교회에서의 공연을 위해 펜실베니아에 머문 적이 있었다. 이런 상황에서 종종 일어나듯 우리는 호텔을 예약하지 않고 교회 신도들의 집에 머물도록 해 주겠다는 교회의 제안을 받아들였다. 그러나 그 밤에 나는 '누군가 친절히 집을 제공한다고 해서 반드시 그 집에 머물 필요는 없다'라는 교훈을 얻었다.

그날 밤 나는 아이들과 아이들의 여러 불평, 악몽, 구토 그리고 항상 있는 '다리 통증'으로 잠에서 깼다. 솔직히 말하자면 내가 깊이 잠든 척하는 동안 대부분 내 아내가 가장 먼저 일어났기에 내가 따뜻한 이불을 떠날 필요는 없었다.

그러나 자주 깨야만 했던 그 날의 잠자리와 여러분이 겪었을 그 어떤 날도 마리아와 요셉이 겪었던 밤만큼 힘들지는 않았으리라 생각한다. 그들은 베들레헴으로 비틀거리며 나아갔다. 그들은 지쳤고 배고팠으며 아이를 낳을 곳이 필요했다.

여러분은 어떤지 모르겠지만 긴 여행이 끝날 때 나는 보통 모두가 원하는 것처럼 침대에 눕기를 갈망한다. 우습게도 실내 온도 조절기, DVD 플레이어, 내가 좋아하는 간식으로 채워진 냉장고를 다 갖춘 디럭스 미니밴으로 여행을 다녀온 후의 내 모습이다.

마리아와 요셉의 여행은 여행을 최소한으로 견딜 수 있게 하는 그 어떤 현대적인 편의가 하나도 없던 세상에서의 여정이었다. 자동차나 트럭도 없었다.

그러니 여관 문을 두드린 요셉의 심정을 상상해 보라. 그는 기대감에 차서 "임신한 아내와 나를 위한 방이 있습니까?"라고 묻는다. 그가 느낀 좌절감을 어찌 이해할 수 없겠는가?

"여관에 방이 없습니다."

여기에는 세세한 이야기가 많지 않다. 학자들은 정확히 무엇을 의미하는지 수 세기 동안 논의해 왔다. 과연 어떤 종류의 여관이었을까? 많은 사람은 당시 길가에 있는 주거지가 안쪽을 동그랗게 싸고 있는 구조로서 동물들과 다른 가축들을 기르는 수수한 판잣집에 지나지 않았다고 생각한다. 다른 사람들은 이것이 어떤 살기 적합한 별도 공간의 저장실에 지나지 않는다고 추측한다. 우리가 아는 것과 확신할 수 있는 것은 숙박 시설이 별 다섯 개짜리는 아니라는 사실이다.

내 생각에 이 부부는 그 순간 성탄절의 환호를 정확히 느끼지 못했을 것이다. 요셉은 아내가 하나님의 아들을 임신했다는 사실을 처음 알게 되었을 때 그를 향한 천사의 격려의 말을 깊이 생각하고 있지는 않았을 것이다. 또한 마리아가 진통하는 동안 여관 주인의 말을 곰곰이 생각하거나 마음에 담아 두지도 않았을 것이다.

여행 중 예상치 못한 문제를 겪는 평범한 부부처럼 좌절감을 느꼈겠지만, 마리아는 요셉이 가능한 빨리 준비해 주기를 바라며 진통이 시작되는 걸 느끼고 있었을 것이다.

요셉과 마리아가 하나님의 계획에 동의했을 때, 그것이 나사렛에서 베들레헴까지 144킬로미터의 힘든 여정을 견뎌야 한다는 의미로 생각하지 않았을 것이다. 그들은 분명히 약속된 메시아, 그리스도의 아이, 온 세상의 왕을 육체적으로 낳을 여지가 있을 것이라고 기대하지 않았지만, 그들은 지금 여기에 와 있었다.

✦ 누가 내 문 앞에 있는가? ✦

누가 여관의 문을 열고 요셉과 마리아에게 나쁜 소식을 전했을까? 우리가 2000년 동안이나 화를 낸 그 여관 주인은 정확히 누구일까?

성경은 많은 것을 정확히 알려 주지 않는다. 누가는 베들레헴 힐튼Bethlehem Hilton 의 문 앞에 서서 손가락을 흔들며 빈방이 없다고 신호를 보내는 특정 여관 주인을 묘사하지 않는다. 우리가 이 가공의 인물에 대해 생각하는 대부분은 우리의 거룩한 상상 속에 있다.

비록 성경에서는 여관 주인에 대해 언급하고 있지 않지만, 누가의 말을 인용하며 우리는 여관에 빈방이 없다는 것을 요셉과 마리아에게 알려 준 누군가가 있었다고 상상해야 한다.

우리가 확신할 수 있는 한 가지는 이것이 초라한 마을의 평범한 밤은 아니었다는 점이다. 여러 해 동안 수많은 여행자가 지나다가 멈춰 하루나 이틀 밤을 보냈다. 모두가 잊었지만 이 성스러운 밤에 유달리 평범해 보이는 한 부부가 방 하나를 청했다. 역사가 기억할 만한 이 부부는 또 다른 유대인의 아이가 아니라 하나님의 아들을 낳았다.

이는 운명적인 문 두드림 이래 2000년 동안 우리가 찬양하고, 기록하며, 경배했던 그 밤이다. 겸손과 거룩함의 밤, 하늘의 왕이 시간과 공간 안에 들어와 인간의 육체를 입고 우리를 위해 조산의 굴욕에 자신을 복종하셨다.

우리의 가장 위대한 문헌 중 일부에서 누가복음 2장의 묘사 장면이 나타난다. 예를 들어, 교회 교부들은 예수님의 탄생에 관해 시를 썼다. 제롬은 베들레헴의 겸손에 주목한다.

주님은 땅에서 태어나셨다. 여관은 그분을 위한 방이 없었고, 태어날 작은 자리조차 없었다. 온 인류는 자신의 자리를 가지고 있었지만 땅에서 태어나실 주님은 그렇지 못했다. 그분은 사람들 사이에서 방을 찾지 못했다. 그분은 플라톤과 아리스토텔레스에게서도 방을 찾지 못했지만, 구유와 짐을 나르는 짐승과 야수들 사이에서도 그리고 단순하고 순진한 사람들 사이에서도 방을 찾을 수 없었다.[26]

요한 크리소스톰은 예수님의 조기 탄생이 그분의 인성을 보여 주기 위한 것임을 우리에게 상시킨다.

그분이 지상으로 오시는 것이 단순한 거처에 불과하다는 생각을 막고, 그분의 육체가 진짜라는 것을 진정으로 믿을 수 있는 확실한 근거를 제공하기 위해 그분은 잉태되셨고 태어나셨으며 양육되셨다. 그분의 탄생이 명백해지고 상식이 될 수 있도록 그분은 어떤 작은 방이 아닌 많은 사람이 머무는 숙박소 구유에 뉘어지셨다. 이것이 강보에 싼 이유이며, 또한 오래전에 말한 예언의 이유이기도 하다. 예언은 그분이 사람이 될 뿐 아니라 다른 아이처럼 잉태되고 태어나 양육될 것이라고 보여 주었다.[27]

---

26   Arthur Just Jr. and Thomas C. Oden, *Ancient Christian Commentary on Scripture: Luke* (Downers Grove, IL: InterVarsity Press, 2003), 39-40.
27   Ibid.

우리의 찬송 작가들은 그들의 깃펜을 날카롭게 하고, 그들의 가장 아름다운 성찰을 우리에게 제공하였다. '오 베들레헴 작은 골'과 '고요한 밤 거룩한 밤'과 같이 우리가 좋아하는 찬송을 부를 때 우리 마음속에 그려지는 장면을 생각해 보라.

분명히 그분의 정확한 탄생 상황은 확실하지 않다. 학자들은 계속 논쟁을 벌일 것이다. 여관이었나? 누군가의 집에 남는 방이었나? 동굴cave 인가? 작은 굴grotto 인가? 나는 예수님의 탄생이 실제로 일어났다고 생각되는 장소인 베들레헴에 있는 예수탄생교회 아래의 작은 굴에 방문할 기회가 있었다. 이곳은 순례자들이 교회 역사의 대부분을 여행하였던 곳으로, 그 모습 그대로 간직하고 있는 작은 공간이었다. 이곳이 그곳인지 알 수 없지만 우리는 그곳이 바로 하나님의 아들이 아기로 이 세상에 들어오신 장소이기를 바랐다.

나는 세심한 복음서 작가인 누가가 "여관에 있을 곳이 없다"고 읽도록 한 것이 중요하다고 생각한다. 그것은 정확한 사실적인 진술이다. 세상을 만드신 하나님은 "그의 머리 둘 곳"을 찾으셨다(눅 9:58).

2000년이 넘는 성탄절이 지났지만 여전히 이 밤의 위엄은 없어지지 않는다. 40년 동안 성탄절 예배에 참석하고 누가복음 2장을 읽으며 찬송을 부르면서 내 마음은 새롭게 깨어났고 그 장면에서 경외감을 느꼈다. 하나님의 아들, 온 세상의 왕, 말씀으로 창조하시고 숨을 불어넣어 인류를 존재하게 하신 분, 그분은 연약하고 피투성이고,

울고 궁핍하신 인간임에도 불구하고 신비롭고, 신성하다.

✦ 어린 방해자 ✦

물론 이 신비는 베들레헴 여관 주인의 마음에는 없었다. 그는 복음서를 읽지 않았고, '고요한 밤'을 흥얼거리지도 않았다. 그에게는 그저 평범한 하루였다. 황제가 명한 인구 조사로 사람들은 자신의 고향으로 가야 했다.

나사렛에 살았던 요셉은 다른 많은 사람처럼 그의 선조의 고향으로 가야 했다. 다윗의 자손인 요셉은 마리아를 데리고 와서 미가 선지자가 수 세기 전에 예언한 곳에서 아기를 낳았다.

> **베들레헴 에브라다야 너는 유다 족속 중에 작을 지라도 이스라엘을 다스릴 자가 네게서 내게로 나올 것이라 그의 근본은 상고에, 영원에 있느니라**
> (미 5:2).

그러나 그는 마지막으로 점검하며 자신의 여관을 닫고 잠을 자려고 했다. 이 주인은 그의 마음에 미가의 말씀을 두고 있지 않았을 것이다. 갑자기 문 앞에 나타난 이 부부는 그의 계획에 없는 혼란과 불편, 문제 그 자체였다.

그러나 이것은 하나님이 우리 삶에 들어오실 때 자주 사용하시는 방법이다.

- 양을 돌보느라 바빴던 양차기 소년이 안으로 불려 가자, 사무엘이라는 선지자가 그의 머리에 기름을 붓고 그의 귀에 그가 이스라엘의 다음 왕이 될 것이라고 속삭였다(삼상 16:1-13).
- 한 이교도 농부는 하나님이 모든 것에서 떠나고 가나안이라는 땅에 그의 아내를 데려가라고 부르셨을 때 자신의 가축 떼를 돌보고 있었다(창 12장).
- 몰락한 왕자는 하나님이 불타는 덤불 속에 나타나셔서 그에게 이집트로 가라고 말씀하셨을 때 광야의 뒷부분에서 일하고 있었다(출 3장).
- 산헤드린의 한 고위 회원이 다메섹 길에서 눈부신 빛 가운데 예수님을 만났을 때 그는 이 새로운 종교를 깔아뭉개기 위해 다메섹으로 가는 길이었다(행 9장).

베들레헴에서 하나님의 아들이 그들의 문 앞에 나타나기를 예견하고 준비하는 사람은 거의 없었다. 이 붐비는 베들레헴에서 방을 찾으려 노력하는 또 다른 부부가 있었다.

여관 주인은 이 밤이 우연이 아니라는 사실을 알지 못했다. 황제의 인구 조사 명령, 조상의 고향으로 돌아가려는 요셉과 마리아의 결정, 혼잡한 여관의 특징이 그러하다. 이 사건 중 우연은 없다. 모든 것은 세상을 구원하려는 하나님의 거룩한 계획의 일부다.

황제는 자신의 인구 조사 명령을 하나님이 참되고 더 나은 통치자를 세우기 위해 사용하실 줄 몰랐다. 여관 주인은 먼지를 털어 아기를 위한 공간으로 사용했던 구유가 하나님 아들의 머리를 잡을 줄 몰랐다. 그날 우연히 이 여관에 머물게 된 다른 여행자들은 약속된 메시아 옆에서 자게 될 줄 몰랐다.

우리는 이것이 어떻게 여관 주인과 그의 가족 그리고 그 성스러운 밤에 거기에 있었던 모든 사람에게 영향을 끼쳤는지 알 수 없다. 예를 들어 이 작은 여관에 목자들이 쏟아져 들어와 갓 태어난 아기에게 경배했을 때 그들은 무슨 생각을 했을까? 함께 참여했을까? 아니면 놀라서 쳐다만 봤을까? 다음날 여관을 떠날 때 이해가 되지 않아 머리를 긁적였을까?

우리는 자꾸 20세기의 뒤늦은 시각으로 상황을 판단하는 실수를 저지른다. 왜 여관 주인은 예수님을 위해 더 좋은 숙소를 찾지 않았을까? 왜 임산부를 위해 자기 잠자리를 내어 주지 않았을까? 하지만 우리는 판단에 앞서 우리 자신의 마음을 살펴봐야 한다. 우리도 종종 예수님에 의해 방해를 받는다.

우리는 우리가 어떤 대가를 치르게 될 때까지는 독실하다. 우리는 우리의 우선순위 중심으로 자신을 구성하고 우리의 의제 위에 흩뿌려질 수 있는 예수님을 원한다. 그러나 예수님은 우리의 삶에 침범하시고 방해하신다.

그분은 우리에게 우리의 그물을 버리고 따르라고 요청하신다. 그분은 우리의 야망을 버리고 그의 사명에 동참할 것을 요구하신다. 그분은 우리에게 우리의 우상을 버리고 헌신적으로 그를 경배하라고 요청하신다.

우리가 아직 죄인이었을 때, 우리가 무관심하고 무지하며 굳어 있을 때 예수님은 우리를 위해 오셔서 문을 두드리고 계신다. 프레드릭 비크너 Frederick Buechner는 『굶주린 어둠 The Hungering Dark』에서 다음과 같이 기록한다.

하나님을 믿는 사람들은 어떤 면에서는 결코 그분을 확신할 수 없다. 일단 마구간에서 예수님을 보게 되면 그들은 그분이 어디까지 나타나실지, 혹은 어디까지 가실지, 혹은 자기 비하 self-humiliation 의 터무니 없는 깊이가 어디까지인지 확신할 수 없다. 그분은 사람을 거칠게 추격하시며 강림하실 것이다 ... 그렇게 낮고 세속적인 장소나 시간일 수 없지만, 거기에 거룩함이 존재할 수 있다.[28]

그분은 우리가 가장 기대하지 않는 곳에서 가장 완전하게 오신다. 그분은 우리의 삶을 침범하신다. 그분이 방이 없는 곳으로 가시기에 우리는 그분에게서 집을 찾을 수 있을 것이다. 집이 없으신 분이 우리를 위해 집을 만드신다(요 14:3). 머리 둘 곳이 없으신 그분은 우리의 안식처요, 우리의 위로요, 우리의 기쁨이다.

결국 여관 주인은 예수님을 위한 방을 찾았다. 이번 성탄절에 당신과 나에 대해서도 똑같이 말할 수 있기를 기도한다.

---

28   Frederick Buechner, T*he Hungering Dark* (Harper Collins, 1985), 13.

학습 성찰

1. 누가복음 2장을 다시 읽어 보자

    a. 예수님 탄생의 겸손에 대해 어떤 생각이 드는가?

    b. 여관 주인의 성향과 요셉과 마리아의 반응을 상상해 보자.

    c. 이 베들레헴 여관에서 동료 여행자들에게 영향을 준 장면과 방법을 상상해 보자.

2. 이 밤의 거룩함을 되새겨 보자

    a. 하나님의 아들이 가장 거친 환경에서 태어나셨다.

    b. 왜 하나님은 예수님이 세상에 오실 때 이 배경과 장면을 선택하셨을까?

    c. 이것은 하나님 나라의 본질에 대해 무엇을 말해 주는가?

3. 일부 초대 교회 교부들의 강력한 문구를 묵상해 보자

a. "길가의 여관에 방이 없다. 이제 성육신하신 예수님이 우리 집으로 가는 길이 되셨기 때문이다."(비드 Bede)[29]

b. "그분은 아기요, 아이셨다. 그래서 당신은 완전한 인간이 될 수 있다. 그분은 강보에 싸여 계셨다. 그래서 당신은 죽음의 올무에서 벗어날 수 있다. 그분은 구유에 계셨다. 그래서 당신은 제단에 있을 수 있다. 그분은 땅에 계셨다. 그래서 당신은 별 속에 있을 수 있다. 그분은 여관에 다른 장소가 없으셨다. 그래서 당신은 하늘에 많은 저택을 가질 수 있다."(암브로스 Ambrose)[30]

---

29 *Luke*, Ancient Christian Commentary on Scripture, New Testament vol. 3, ed. Arthur A. Just Jr. (Downers Grove, IL: InterVarsity Press, 2003), 36.

30 Ibid., 38.

6

가장 먼저 알게 된 사람: 목자들

제 6 장

가장 먼저 알게 된 사람 : 목자들
눅 2:1-21

> 그 지역에 목자들이 밤에 밖에서 자기 양 떼를 지키더니
> 주의 사자가 곁에 서고 주의 영광이 그들을 두루 비추매
> 크게 무서워하는지라 천사가 이르되 무서워하지 말라
> 보라 내가 온 백성에게 미칠 큰 기쁨의 좋은 소식을
> 너희에게 전하노라 오늘 다윗의 동네에 너희를 위하여
> 구주가 나셨으니 곧 그리스도 주시니라 너희가 가서
> 강보에 싸여 구유에 뉘어 있는 아기를 보리니
> 이것이 너희에게 표적이니라 하더니
> 눅 2:8-12

연말이면 많은 언론 매체에서 연말 회고전을 발표한다. 나는 항상 올해의 주요 기사가 나열된 「네셔널 매거진 *national magazine*」을 즐겨 본다. 또한 오랫동안 잊고 지냈던 이야기를 읽으며 세상을 떠난 유명 인사들을 기억하는 걸 좋아한다. 우리는 때때로 중요한 가족 행사를 사진첩으로 만들어 추억하기도 한다.

자, 베들레헴의 어느 쌀쌀한 밤 그해 이스라엘에 사는 사람들에게 가장 중요한 사건이자 세계 역사상 가장 중요한 사건이 될 이야기가 펼쳐졌다. 과장이 아니다. 이는 선지자들이 전하고 대대로 이어져 온 언약의 성취로서 유대인들이 간절히 기다리던 이야기다.

하나님은 이스라엘 백성에게 무조건적인 언약을 하셨다. 그들의 나라로부터, 유다 지파로부터, 그들의 사랑하는 다윗 왕의 일가로부터 메시아가 나올 것이다. 그 후 400년 동안 침묵하시는 것처럼 보였던 하나님은 천사를 통해 한 유대인 부부에게 그리스도 아기가 그들의 가족에게서 태어날 것이라고 알려 주셨다. 처녀인 마리아는 성령으로 잉태하고 예수님을 낳았다. 그래서 아기 예수님이 마리아의 자궁에서 벗어나 세상에 들어왔을 때, 그 선포가 전능하신 분에 의해 가장 큰 팡파르로 시작되었을 때 사람들은 마침내 이 이야기가 시작되었다고 생각할 것이다. 적어도 이것이 내가 할 일이다.

나는 저명한 언론인에게 알려 최고 수준의 권위자들에게 보고하도록 하고, 기자 회견 일정을 잡을 것이다. 이 사건은 케이블 방송에서 도배되고, 소셜 미디어에서 유행하게 될 것이다. 하지만 이는 삼위일체의 제2 위격인 하나님의 아들 예수 그리스도께서 나타나신 방식이 아니다.

✦ 가장 겸손한 등장 ✦

이 기간 동안 세계 무대에서 많은 일이 벌어졌다. 율리우스 황제의 조카인 옥타비아는 새로운 황제 왕관을 썼다. 우리는 로마 상원에서 신과 같은 지위를 부여하는 방법으로 그에게 부여한 '아우구스투스'라는 이름으로 옥타비아를 알고 있다.[31]

아우쿠스투스는 숭배를 요구한 최초의 로마 군주 중 하나였으며, 백성들은 숭배를 주저하지 않았다. 그는 결국 평화를 이룬 통치자가 되었다.

대부분의 세계에서 황제는 신이었고, 세상 사람은 영원히 로마인이 될 것이다. 유대인들에게 메시아 왕의 꿈은 거의 죽은 거나 다름없었다. 다만 고대 선지서들을 실제로 읽고 연구하고 믿었던 소수를 제외하고는 말이다.

누가의 이야기는 황제의 인구 조사와 세금 요청으로 시작된다. 지금은 잊힌 이 통치자는 자신의 인구 조사 명령이 하나님에 의해 영원한 왕좌를 갖게 될 왕의 탄생에 사용되었다는 걸 이해하지 못했다. 황제의 선언은 평범한 마을의 목수와 그의 임신한 십 대 신부가

---

[31] J. Vernon McGee, "God Manifest in the Flesh," Christianity.com, accessed February 8, 2019, https://www.christianity.com/theology/god-manifest-in-theflesh-11569482.html.

나사렛에서 베들레헴으로 여행하도록 강요하였다. 의심할 여지 없이 이 여정은 이 어린 여성에게 과한 부담이 되었다.

황제는 이 소작농 여성의 자궁에 있는 아기가 유대인들이 갈망했던 바로 그 메시아라는 걸 몰랐다. 이제 탄생할 그분은 세상을 영원히 바꿀 것이다.

세계 역사상 가장 중요한 생명이 마리아의 자궁 속에 있었다.

마리아 안에 있는 이 아기는 자신을 신으로 만든 황제가 아닌 바로 온 세상의 하나님, 육체에 계신 하나님이셨다. 나는 고인이 된 J. 버논 맥기 J. Vernon McGee 목사님이 그날 밤 베들레헴에서 있었던 사건에 관해 말씀하셨던 것을 좋아한다.

> 일어난 모든 일은 하나님이 준비하신 것이다. 만일 누군가 황제에게 "잠시 기다려 주십시오. 세금을 받으려면 출산을 앞둔 이 여성들을 이동시켜야 합니다."라고 제안한다면, 이런 대답을 예상할 수 있을 것이다. "나는 아기나 아기의 엄마에게 관심이 없어. 오직 세금과 군대와 돈과 사치에 관심이 있을 뿐이야." 글쎄 이제 모든 것이 사라졌다. 황제를 포함해서 말이다.[32]

---

32 Ibid.

✦ 축하는 어디에서 있었는가? ✦

그날 밤에 무슨 일이 일어났을까? 하나님의 신비가 그분의 백성 가운데 거하기 위해 내려오셨을 때, 예수님이라는 신비한 존재가 완전한 사람으로서 그런데도 완전한 하나님으로서 태어나셨다. 오랫동안 기다려 온 약속된 분이 드디어 나신 것이다. 축하 행사는 어디에서 있었을까? 작은 마을, 빈궁한 부모와 함께 냄새나는 작은 굴 grotto 에서 태어나신 분은 하나님의 아들이셨다.

> 황제는 예수님을 경배하기 위해 그곳에 있었어야 했지만 그렇게 하지 않았다.
> 헤롯은 예수님을 경배하기 위해 그곳에 있었어야 했지만 그렇게 하지 않았다.
> 이스라엘 백성은 예수님을 경배하기 위해 그곳에 있었어야 했지만 그렇게 하지 않았다.
> 세상의 나라들은 이 아기에게 엎드려 절해야 했지만 그렇게 하지 않았다.

후에 사도 요한은 예수님이 자기 땅에 방문하셨고 자기 백성이 영접하지 않았다고 고백하였다 (요 1:11).

대부분의 세계에서 이는 큰 문제가 안 되지만 천국에서는 다르다.

그리스도의 오심을 기대하던 참된 신자들, 즉 하나님의 백성 사이에서는 큰일이다. 성탄절은 하늘에서는 중요하지만 땅에서는 종종 그렇지 않다는 것을 강력하게 상기시킨다.

세상이 잠들어 있는 동안 하나님의 아들이 등장하셨다. 하늘의 군대가 하나님의 계획이 펼쳐지는 것을 기뻐하며 하늘에서 축하하는 이유다. 400년 동안 하나님은 침묵하셨다. 선지자도, 천사도, 기적도 없었다. 그러나 이제 하늘이 기쁨으로 열렸다. 그리고 이 소식은 자신이 이 좋은 소식의 전령으로 채용될 것을 전혀 기대하지 않았던 사람들에게 전해졌다.

✦ 왜 목자들인가? ✦

몇 년 전 나는 가장 인기 있는 전국 모닝쇼에 출현할 기회를 가졌다. 내 출현을 확인하는 이메일을 받았을 때, 나는 심장이 조이고 하늘에 둥둥 떠 있는 것 같았다. 내 첫 번째 생각은 '와우, 정말 많은 책이 팔릴 것 같네'였다. 그리고 두 번째 생각은 '새 정장을 사야 하나?'였다. 나는 매우 긴장되고 흥분되었지만 어찌 된 일인지 전혀 당황하지 않고 잘 해낼 수 있었다.

대형 TV 뉴스쇼 투자는 큰 뉴스를 알리는 가장 좋은 방법 중 하나이다. 홍보 전문가들은 이러한 기회를 확보하기 위해 열심히 노력한다. 수백만 명의 시선에 그들의 의뢰인을 알리고자 하기 때문이다. 그러나 하나님은 정반대의 방법을 사용하셨다. 예수님을 TV 쇼 30 Rock[33]에 보내지 않으시고 오히려 하늘의 군대를 베들레헴 외곽에 있는 평범한 들로 보내셨다. 그리고 세련되지 않고 땀에 젖어 있는 투박한 목자들을 대변인으로 선택하셨다.

오늘날 모든 성탄절 연극은 목자들을 아주 낭만적으로 표현한다. 교회나 학교에서 열리는 성탄절 연극에서 많은 아이가 변형한 베갯잇을 입고 지팡이를 잡고 출연한다. 하지만 1세기에는 아무도 목자들을 귀엽다고 생각하지 않았다. 그리고 확실히 아무도 그들이 중요하다고 생각하지 않았다. 하지만 그들은 성탄절에 가장 먼저 알게 되었다.

당시 목자들은 상류 사회의 일부로 여겨지지 않았다. 그들은 성문 밖에서 양떼를 돌봐야 했다. 목자들이 중요시된 유일한 이유는 양들이 귀중한 상품이었기 때문이다. 특별히 유월절이 가까이 다가오면 성전에서 많은 양이 희생 제물로 바쳐졌다.

---

[33] 역주, '30 Rock'은 2006년부터 2013년까지 방영된 NBC 시트콤이다. '30 Rock'은 30 Rockefeller Plaza의 약자로 뉴욕에 소재하고 있으며, 이 건물 안에 NBC 스튜디오가 있다. 내용은 NBC 라이브 쇼를 제작하는 작가와 출연진과 간부들의 이야기로 큰 인기 가운데 시즌 7까지 이어졌다.

목자의 일은 터무니없이 어려웠다. 그들은 고집 센 양과 싸워야 했다. 그들은 양떼가 잘 먹도록 해야 했으며, 늑대 혹은 곰이나 사자와 같이 덩치 큰 포식자들도 막아야 했다. 때때로 고약한 놈들이 들어와서 양을 훔치려고 한다. 이것이 바로 목자들이 이 밤에 깨어 있었던 이유다. 아마도 그들은 가축들이 위험에 빠지지 않도록 교대로 잠을 잤을 것이다.

하지만 예수님의 이야기에 목자들을 포함시킨 데에는 중요하고 강력한 무언가가 있다. 누가는 목자들을 언급함으로써 우리에게 하나님의 나라가 주요 인물insider 만을 위한 것만이 아닌 목자와 같은 그리고 가난한 마리아와 요셉과 같은 주변 인물outsider 을 위한 것임을 상기시킨다. 그것은 하나님의 나라가 종종 고귀하고 지혜로운 자들이 아닌 하층민들, 즉 왕족 가까이에도 갈 수 없는 별 볼 일 없는 사람들로 구성되어 있다는 점이다. 하나님이 우리와 함께하신다는 임마누엘은 하나님이 진정으로 모든 계층의 사람들 가운데 계신다는 의미다. 단순히 연줄이 있거나 자금이 넉넉한 사람들 가운데 계신다는 뜻이 아니다.

목자들의 존재는 또한 우리에게 메시아이신 예수님이 어떤 분이 되실지 힌트를 전한다. 그분은 구세주, 왕, 사자뿐만 아니라 우리의 목자로 오실 것이다. 비록 그들의 소명이 동료에게 존경스럽게 여겨지지는 않았지만 성경은 항상 목자들을 높은 소명으로 묘사한다. 아마도 성경에서 가장 많이 반복되는 리더십 이미지일 것이다.

하나님은 자신을 이스라엘의 목자로 칭하신다(창 48:15; 49:24; 렘 31:10). 유명한 시편에서 다윗은 "주님은 나의 목자시니"(시 23장)라며 감사드린다. 에스겔 선지자(겔 22장)와 예레미야(렘 10장; 23장; 50장)는 종종 하나님의 백성에게 형편없는 목자(백성들을 평안으로 인도하기보다 착취하는 나쁜 지도자들)에 대해 경고했다. 하나님의 나라에서 목자는 연약한 사람들을 희생적으로 돌보는 존재다. 당시 목자들은 가축 떼들을 몰지 않고 다정하게 인도하였다.

오늘날, 심지어 어떤 기독교계에서는 목자의 리더십을 1세기 지식층과 같이 부정적으로 간주하기도 한다. 구약에서 신약에 이르기까지 성경은 영적 지도자를 종종 목자로 비교하지만 일부 복음주의적 리더십 문서들은 이를 묵살한다. 어느 저명한 목사는 최고 경영자나 장군이 기독교 리더십을 보다 잘 설명한다고 말하기도 한다. 그러나 하나님이 그의 백성을 인도하시고 목자들이 그의 백성을 인도하도록 의도하시는 방식 모두에서 성령님이 온유하면서도 확고한 리더십 비전을 내포하고 계신다는 점을 간과할 수 없다. 예수님이 베드로에게 하신 마지막 말씀은 "내 양을 먹이라"(요 21장)셨다. 이는 부드러운 손과 연민으로 다른 사람들을 돌봄으로써 하나님의 사랑을 나타내는 방법이다.

이것이 내가 (스스로 선한 목자라고 부르시는[요 10:11]) 예수님 오심의 선포가 목자의 들판에서 양들을 인도하는 목자들 가운데 있어야 한다고 믿는 이유다. 누가는 오게 될 통치자가 그의 백성이 지금까지 보아 왔던 통치자와 다를 것이라고 말한다. 그분은 무자비한 폭력으로 통치하던 황제도, 배반과 살인과 편집증으로 다스리던 헤롯도 아닐 것이다. 예수님은 그의 속성인 한 목자가 되실 것이다. 그리고 그분은 자신과 그의 메시지를 목자들에게 맡기실 것이다.

하나님의 어린 양은 먼저 어떻게 어린 양을 식별하고 보살필지 아는 사람들에 의해 안기고 만져지게 될 것이다. 그러나 그 누구보다도 이 목자들은 그들이 돌보는 각 양의 궁극적인 운명을 알고 있었다. 나는 그들이 이스라엘에 있는 그 누구보다 이사야의 예언을 더 예리하게 들었다고 생각한다. 그들은 유월절에 제물로 바칠 어린 양을 돌보았다. 그리고 마지막으로 희생될 어린 양이 왔다. 이 어린 양은 희생 제물이 그랬던 것처럼 단순히 그들의 죄를 덮어 주지 않고 실제로 죄가 되었다. 세례 요한은 후에 예수님에 대해 말하였다. "보라, 세상 죄를 지고 가는 하나님의 어린 양이로다!"

세상 죄를 위해 죽임을 당하시는 하나님의 어린 양의 오심에 관한 좋은 소식이 성전 제물을 위해 따로 떼어 놓은 어린 양들과 이스라엘의 마지막 목자 다윗의 도시에 선포되었다. 이것은 그의 백성들을 향해 좋은 목자요 하나님의 어린 양이신 예수님이 하나님과 사람 사이에 참된 평화를 이루기 위해 오신다는 하나님의 선포다.

✦ 믿음과 경외 ✦

잠시 동안 그들은 양떼를 지켜보고 있었다. 아마도 야간 근무 후 몇 분 잠을 청했을 것이다. 다음 순간 그들은 구원 역사의 증인이 되었다. 하늘의 모습이 장관이었음에 틀림이 없다.

그들 주위의 하늘은 하나님을 찬양하고 경배하는 하늘의 군대로 가득 찼다. 나는 단지 천사들 혹은 수장 천사들의 작은 앙상블이 아닌 하늘 군대의 화려한 모습이었을 것이라는 사실을 의심하지 않는다. 가장 재능 있는 음악가들과 함께하는 지상 최고의 공연조차도 목자들 앞에 펼쳐진 드넓은 하늘에서의 놀라운 축하 공연과 비교할 수 없다. 태곳적부터 구상된 하나님의 계획, 곧 동산에서 약속된 구속의 계획이 그들의 눈앞에서 펼쳐지고 있었다.

> **목자들은 전날 이메일로 "전설적인 이벤트가 있습니다. 첫 번째 들판에서 만나요."라는 초대장을 받지 않았다.**

나는 성경 전체에서 하나님이 평범한 사람의 일상을 방해하고 나타나시는 모습이 항상 흥미롭다. 목자들은 전날 이메일로 "전설적인 이벤트가 있습니다. 첫 번째 들판에서 만나요."라는 초대장을 받지 않았다. 그들은 놀라움에 사로잡혀 있었지만, 재력과 평판이 미천한 자신들에게 예수님의 탄생을 알리도록 맡기시는 하나님의 위대한 소명에 응답했다.

그들은 믿었다

그들은 천사를 보고, 증언을 듣고, 그리고 믿었다. 서기관들은 너무 지쳐 있었다. 왕족들 역시 냉소적이었다. 로마인들 역시 부정적이었다. 그러나 이 겸손한 주변 인물들 outsiders 은 방문하여 보고 그리스도 아기에 믿음을 갖는 순전한 믿음을 가지고 있었다.

그들은 경외심을 느낄 수 있었다

1세기의 세계는 상당히 냉소적이었다. 거짓 메시아들이 나타났다가 사라졌으며, 이스라엘의 회복에 관한 약속은 헛된 꿈처럼 보였다. 로마 국기는 성전산 temple mount 위에서 높이 흔들렸다. 그럼에도 여기에 여전히 경외심을 갖고자 하는 사람들이 있었다. 누가는 목자들이 큰 두려움을 가지고 있었다고 말한다. 그렇지 않겠는가? 만약 당신이 황폐한 땅에 있는 산골 마을의 천한 목자라면, 갑자기 하늘이 열리고 천사들이 노래하기 시작할 때 두려워하지 않겠는가?

그럼에도 불구하고 여전히 하나님을 경외할 수 있는 것은 놀라운 일이다. 오늘날은 1세기만큼이나 지쳐있으며, 똑똑한 사람들은 초자연적인 현상을 믿기에는 너무 현명하다. 그러나 잠언은 "여호와를 경외하는 것이 지혜의 근본"(잠 9:10)이라고 말씀한다. 진정한 영성은 건전한 경외와 존경과 하나님을 두려워함에 있고, 하나님은 놀라운 분이며 자신은 아무것도 아님을 아는 것이다. 천국에 가까울수록 하나님을 두려워하고 경외하는 마음이 더욱 커진다. 겁을 먹었다는 의미에서 두려움이 아니라 경외심을 느낀다는 의미다.

이번 성탄절에 당신의 마음이 경외심과 경이로움에 열려 있기를 소망한다. 우리의 종교적 전통, 특히 성탄절을 관습적인 의례 ho-hum affair 중 하나로 취급하기 쉽다. 그러나 하나님은 기꺼이 두려워하고 경외하며 경탄하고 묵상하는 사람들을 방문하신다. 우리는 하나님이 우리 주변에서 하시는 것을 볼 수 있도록 오랫동안 해 오던 일을 멈췄는가? 우리는 정신을 산만하게 하고 영적인 것으로부터 주의를 다른 데로 돌리게 하는 디지털 방해물로부터 충분히 분리되어 있는가? 당신은 위대하고 강력한 하나님과 예수 그리스도께서 성육신하신 신비에 기꺼이 경외심을 느끼는가?

두려운가? 그렇다. 하지만 우리의 두려움이 믿음으로 바뀌는 요점이 있다. 천사들은 "무서워하지 말라"고 하였다. 왜 그런가? 예수님은 우리가 두려워해야 할 목자이지만 더는 두려워해야 할 필요가 없다. 베들레헴의 추운 밤에 있었던 이 왕실 발표는 이 아기 예수를 믿는 사람들이 하나님과의 평화를 경험할 수 있음을 의미한다. 이것이 천사들이 의미하는 "하나님이 기뻐하신 사람들 중에 평화"이다. 어떤 의미에서 천사들은 로마 제국에서 현재 경험하고 있는 일시적인 평화가 언젠가는 전쟁으로 바뀌게 될 것이라는 점을 상기시키고 있다. 그러나 오직 이 평화의 왕만이 진정한 샬롬, 진정한 회복으로 인도할 수 있다. 이 아기 예수는 하나님과 개인적인 평화를 제공할 것이다. 목자들에게 오신 분은 그들 영혼의 선한 목자가 되실 것이다. 하나님의 어린 양은 죄를 완전히 속죄할 것이다. 더는 예배자들이 실제 양을 희생할 필요가 없다.

그들은 목적을 가지고 살았다

누가는 목자들이 베들레헴 하늘을 지켜보는 데 시간을 낭비하지 않았다는 점을 알게 한다. 그들은 천사들의 말을 듣자마자 "서둘러 왔다 came with haste"고 킹 제임스 성경 King James Version 은 말한다. 그렇지 않은가? 그들은 이 메시지를 혼자 간직할 수 없었다. 그들은 모든 가식과 양떼 모두를 버려두고 메시아를 찾기 위해 베들레헴으로 달려갔다. 그들이 문을 두드리며 그 지역 주민들을 깨우고 오랫동안 기다려 왔던 메시아께서 마침내 왔다는 기쁜 소식을 외치는 광경을 상상해 보라. 그들은 그 메시지에 단순히 경탄하지 않았다. 그들은 믿었고, 그들의 목표를 바꿨다. 이번 성탄절에 있을 우리의 유혹은 단순히 따뜻한 감성적인 '느낌'에 젖어 성탄절 중심에 있는 좋은 소식을 놓치는 것이다. 그리스도께서 당신과 나를 구원하기 위해 세상에 오셨다. 천사는 목자들에게 이 좋은 소식이 '모든 사람을 위한 것'이라고 말했다. 이는 모두에게 적용된다.

나는 한 주석가가 한 말을 좋아한다.

"진실은 그리스도께서 베들레헴에서 천 번 태어나셨다 하더라도 당신 안에 태어나지 않으신다면, 당신은 영원히 잃어버릴 것이라는 점이다. 세상에 태어나신 그리스도께서 당신의 마음 안에 태어나셔야 한다. 종교적인 정서는 성탄절이라 하더라도 살아 계신 그리스도께서 없으시다면 어둠으로 가는 '노란 벽돌 길'[34]이라 할 수 있다.[35]

그들은 자신들의 들판을 떠나 가장 있음 직하지 않은 메신저들이 되었다. 이들은 거칠었고, 훈련되지도 않았으며, 문맹으로 예상되는 소년 목자들이었다. 요한 칼빈 John Calvin 은 그들에 대해 이렇게 말한다. "명령에 따르는 훌륭하고 유명한 수많은 증인이 있었음에도 하나님은 무시당하고 있던 비천한 목자들을 선택하셨다."[36] 그들은 세계 최초의 선교사로서 평민 계열의 첫 번째 무명의 복음 메신저가 되었다. 하나님은 활동하고 계시며, 당신이 들어 보지 못한 사람들 (중요한 트위터 팔로워가 없는 사람들, 공식 직함이 없는 사람들, 세상에서 자격

---

34   역주, 라이먼 프랭크 바움(Lyman Frank Baum)이 1900년 쓴 『오즈의 마법사 The Wonderful Wizard of Oz』에서 나오는 '노란 벽돌 길'로, 이 길은 종종 '삶의 환상으로 가는 길', '삶의 해답을 얻는 길'로 일컬어지곤 한다.

35   R. Kent Hughes, *Luke (2 Volumes in 1 / ESV Edition): That You May Know the Truth* (Wheaton, IL: Crossway, 2014), 91.

36   John Calvin, *Harmony of Matthew, Mark, Luke*, trans. William Pringle (Grand Rapids: Baker Book House, n.d.), 113.

이 없는 사람들)을 통해 전 세계에 그의 교회를 세우신다. 가라. 이 소식을 전하라. 예수 그리스도께서 태어나셨다.

학습 성찰

1. 성경에서 목자들의 중요성을 생각해 보자.

    a. 창세기 48:15, 49:24, 예레미야 31:10, 시편 23편, 요한복음 10장을 찾아보고 하나님이 자신을 백성의 목자로 칭하시는 방식을 묵상해 보자.

    b. 에스겔 34장을 찾아 사도행전 20:25-31, 베드로전서 5:2과 비교해 보자.

2. 가족과 함께 읽어 보자. 누가복음 2:1-21

    a. 목자들이 천사들의 메시지에 어떻게 반응했는지 생각해 보자.
    - 그들이 믿었다.
    - 그들이 경배했다.
    - 그들이 다른 사람에게 전하기 위해 갔다.

3. 이번 성탄절에 자신에게 물어보자.

a. 나는 성육신의 기적에 경외하며 잠시 멈추었는가?

b. 나는 성탄절 이야기를 누구와 나눌 것인가? 나는 어떻게 '믿고, 예배하며, 이야기를 전할 수 있을까?'

성탄절 찬양 제안

"Immanuel" by Melanie Penn[37]

---

[37] 역주, 본 곡은 목자가 경험한 놀라운 체험을 담고 있다. 천사들이 그의 머리 위에 임하여 전해 준 기쁜 소식을 따라 아기 예수이신 그분께 나아가는 모습을 그린다. 특별히 이전에 반항심으로 가득했던 자신이 변화되었다는 마지막 간증이 인상적이다. 그는 이제 천사의 찬송을 돌이켜 보며 그 뜻을 음미한다.

인용문 묵상

그러면 이 기쁜 소식을 전할 사람은 누구인가? 천사들의 메시지를 선포하는 목자들처럼 마음이 여리고 자신의 죄의 짐을 느끼는 자들이다. 이 메시지를 받아들이지 않는 예루살렘에 있는 대영주들은 잠들어 있도록 그대로 두어라.[38]

– 마틴 루터 Martin Luther

---

38 Martin Luther, "Sermon on the Afternoon of Christmas Day (1530)," in *Martin Luther's Basic Theological Writings* (Minneapolis: Fortress Press, 2012), 172.

7

찾음과 발견 : 박사들

제 7 장

찾음과 발견 : 박사들
마 2:1-12

> 헤롯 왕 때에 예수께서 유대 베들레헴에서 나시매
> 동방으로부터 박사들이 예루살렘에 이르러 말하되
> 유대인의 왕으로 나신 이가 어디 계시냐
> 우리가 동방에서 그의 별을 보고
> 그에게 경배하러 왔노라 하니
> 마 2:1-2

내가 교회에서 성장할 때 성탄절의 상징 중 하나는 동방 박사들과 그들의 낙타였다. 내가 자란 교회에서는 매년 여러 날 동안 대규모로 지역 사회 전체에 성탄 대회를 개최했는데, 평범한 교회 행사가 아니었다. 살아 있는 동물과 음악 연주가 함께 했고, 교회 신도들은 동방 박사들처럼 광택이 고운 가운을 입었다.

사실 지금까지도 "기뻐하고 경배하라 Joyful, Joyful, We Adore Thee"라는 찬양을 들을 때마다 나는 오랫동안 교회 직원이었던 데이브가 낙타를 타고 강당에 들어가는 모습을 떠올린다.

박사들은 성탄절의 단골손님이다. 그들은 우리 예수님의 탄생 세트를 장식하고, 우리의 성탄 카드에 나타난다. 그리고 데이브라는 교회 성도는 광택이 고운 가운을 입고 낙타를 탄다. 하지만 박사들에 대한 재미있는 사실은 우리가 그들에 대해 실제로 아는 것이 거의 없다는 점이다. 더 정확히 말하자면 우리는 이 신비로운 군주들에 대해 얼마나 잘못 알고 있는지 모른다.

✦ 그렇다면 박사들은 누구인가? ✦

걱정할 필요는 없다. 나는 성탄 믿음의 역사적 부정확성을 지적함으로 우리가 소중히 여기는 성탄절을 망치지 않을 것이다. 사실 어디에나 스크루지 Scrooge 는 있다. 아마 그러한 사람은 신학교를 갓 졸업했거나 첫 번째 성탄절이 겨울이 아니라는 내용의 블로그 게시물을 바쁘게 작성하고 있을 것이다. 그러나 나는 박사들에 관해 더 많이 아는 것이 중요하다고 생각한다. 성경이 세부 사항에 관해 다소 모호하게 기록하였기 때문에 교회 역사 전반에 많은 추측이 있어 왔다.

영어 번역에서 '현자wise men'[39]라는 단어는 헬라어 '마고스magos'를 해석한 것이다. 이는 전형적으로 "천체의 움직임을 조사하고 해석하는 지혜자"[40]를 가리킨다. 마태복음 1장은 그들이 "동방에서 왔다"고 말한다. 많은 사람은 그들이 아마도 오늘날의 이라크인 페르시아에서 왔을 것으로 추측한다. 우리는 확신할 수는 없지만 일리가 있어 보인다. 동양의 많은 사람이 별들을 관찰했고, 종종 특별한 의미와 목적을 예측하였다.

그들은 유대인 포로들이 잡혀갔던 바벨론에서 온 사람들일까? 다니엘서는 왕들이 그들의 꿈과 환상을 이해할 수 있도록 '현자'(wise men, 단 2:2, 10. NET)를 불렀다고 기록한다. 바빌론에서 유명한 지위에 오르고, 다가오는 메시아에 대한 자신의 믿음을 솔직하게 고백했던 다니엘과 같은 사람이 여러 세대의 동방 지식인들에게 영향을 미쳤다고 상상하기 어렵지 않다.

세 사람이 있었을까? 유명한 찬송가 '우리 세 명의 왕들We Three Kings'이 가리키는 것처럼 그들이 왕이었을까? 아마 아닐 것이다. 우리는 그

---

39 역주, 한글성경은 대부분 '박사들'로 번역하였다. 본문은 한글성경을 따라 '박사들'로 기록하였다.

40 *CSB Study Bible* (Nashville: Holman Bible Publishers, 2017), 1498.

들이 바친 세 가지 선물로부터 세 가지 아이디어를 얻었지만 그 선물은 전체 대표단에 의해 전체적으로 전달되었을 가능성이 높다. 그리고 마태가 그들이 예루살렘에 도착했을 때 큰 소동이 일어났다고 말한 것을 볼 때, 아마도 세 명 이상이었을 것이다. 한 초기 교부는 아마도 14명의 현인이었을 것으로 추측했다. 그 사실은 잘 모르겠지만 아마도 꽤 많은 사람이 모인 대상隊商, caravan[41]일 것이다. 그들은 왕이 아니지만 동방에서 온 저명하고 영향력 있는 종교 지도자였을 것이다.

> 그들이 예루살렘에 도착했을 때 얼마나 큰 파장을 일으켰는지 볼 때, 세 명 이상의 현인이 있었을 것이다.

우리에게 분명한 사실은 동방 박사들이 유대인의 왕을 간절히 찾기 원했다는 점이다. 그들은 구약 성경과 점성술에 관한 지식을 결합하였다. 성경은 의미를 찾기 위해 별들을 바라보지 말라고 강하게 말씀하고 있지만, 여기서 하나님은 그들이 있는 곳에서 이 탐구자들을 만나 주시고, 천체의 능력을 사용하심으로 그들을 당신의 아들에게로 인도하셨다.

이는 성경이 점성술을 인정한다는 의미가 아니다. 진정으로 그분을 찾는 사람들을 하나님이 기꺼이 만나 주신다는 사실을 뜻한다.

---

41 역주, 낙타나 말에 짐을 싣고 사막과 같은 지역을 떼를 지어 다니며 먼 곳으로 특산물을 교역하는 상인의 집단을 가리킨다.

우리가 어떻게 하나님을 만났는지 생각해 보라. 내가 생각하기에 우리가 처음 예수님을 만났을 때 우리의 신학이 완전히 건전한 사람은 거의 없었을 것이다. 그러나 하나님은 불순한 동기와 불확실한 믿음으로 찾는 죄인을 만나 주시고, 그 영혼을 당신의 아들에게로 인도하실 수 있다.

이 이야기에서 하나님이 그의 아들 예수의 탄생을 세상에 알리기 위해 어떤 도구를 사용하셨는지 생각해 보자. 하나님은 복음을 선포하기 위해 온 우주를 사용하셨다. 누가복음에서 우리는 천사의 전령들과 하늘의 합창단이 목자들에게 소식을 전했을 때 하늘이 찬양으로 환하게 밝아지는 모습을 볼 수 있다. 또한 마태복음에서는 멀리서 오는 사람들이 베들레헴을 향하도록 별을 사용하시는 하나님을 볼 수 있다.

이 이야기는 구약 성경과 관련이 있다. 민수기(22-24장)에는 발람이라는 불같은 성격의 선지자와 말하는 당나귀 이야기가 있다. 하나님은 발람에게 그의 백성을 향해 세 가지 축복을 전하라고 말씀하셨다. 그중 하나인 최종 메시지에 다음 단어들이 포함되어 있다.

하나님의 말씀을 듣는 자가 말하며 지극히 높으신 자의 지식을 아는 자, 전능자의 환상을 보는 자, 엎드려서 눈을 뜬 자가 말하기를 내가 그

를 보아도 이 때의 일이 아니며 내가 그를 바라
보아도 가까운 일이 아니로다 한 별이 야곱에게
서 나오며 한 규가 이스라엘에게서 일어나서 모
압을 이쪽에서 저쪽까지 쳐서 무찌르고 또 셋의
자식들을 다 멸하리로다(민 24:16-17).

어떤 사람들은 이것이 우연의 일치일 뿐이라고 생각한다. 어쩌면 하늘에 있었던 혜성일 수도 있다. 아마도 혜성이 동방 박사들을 베들레헴으로 이끌었을지도 모른다. 하지만 여기에서 자신의 백성에게 불과 구름 기둥으로 나타나신 하나님이 하늘을 열어 길을 잃어버린 자들을 예수께로 향하게 하신 분이라는 사실은 의심할 여지가 없다.

모든 창조물은 하나님의 뜻에 따라 그분의 이야기를 전한다. 다윗 왕은 언젠가 우주가 다윗 성에서 태어날 다윗의 아들을 알리게 될 기쁨에 대해 말한다.

하늘이 하나님의 영광을 선포하고 궁창이 그의
손으로 하신 일을 나타내는도다 날은 날에게 말
하고 밤은 밤에게 지식을 전하니 언어도 없고 말
씀도 없으며 들리는 소리도 없으나 그의 소리가
온 땅에 통하고 그의 말씀이 세상 끝까지 이르도

다 하나님이 해를 위하여 하늘에 장막을 베푸셨도다 해는 그의 신방에서 나오는 신랑과 같고 그의 길을 달리기 기뻐하는 장사 같아서(시 19:1-5).

19세기 영국 목사 찰스 스펄전Charles Spurgeon은 이 사람들을 예수님께로 인도한 별에 대해 이렇게 말한다.

> 그분은 천한 부모에게서 태어나 구유에 누워 강보에 싸여 계셨다. 그러나 하늘의 지위와 권세가 움직이고 있다. 첫째, 천사가 내려와 갓 태어난 왕의 출현을 선포한다. 그러나 그 활동은 위에 있는 영혼들에게만 국한되지 않는다. 땅 위의 하늘에서 무언가가 흔들리기 시작했다. 마치 그들의 왕 앞에서 그들을 대표하는 모든 세계의 사절처럼 한 별이 모든 별을 대신해서 파송된다. 이 별은 주님을 기다리고 멀리 있는 사람들에게 그의 전령이 되며, 이 현자들을 그리스도 앞으로 인도하도록 하나님의 안내자로 임명되었다.[42]

이 별이 동방에서 현자를 찾아 처음 나타났던 이 순간을 생각하면 소름이 끼친다. 하늘과 땅의 창조주이신 하나님의 유아 아들, 그

---

[42] *CSB Spurgeon Bible* (Nashville: Holman Bible Publishers, 2017), 1281.

분은 그의 손으로 우주를 잡고 그 별들이 자신에게 사람들을 이끌도록 지시하신다. 이것은 우리에게 세상을 향한 하나님의 사랑을 보여 준다. 예수님은 나중에 말씀하시기를 하나님이 세상을 너무 사랑하셨기 때문에 믿는 자들을 구원하시기 위해 그의 아들을 주셨다고 하셨다(요 3:16).

당신이 성탄절의 모든 기쁨을 만끽하지 못한다면 아마도 성탄절은 당신에게 끔찍한 겨울이 될 것이다. 외롭고 낙담할 수도, 혹은 거절을 당했을 수도 있다. 그러나 이것을 명심하라. 만약 당신이 그리스도 안에 있다면, 하나님은 당신에게 사람의 메시지를 외쳐 당신을 자기 자신에게 끌어당기기 위해 온 우주를 활용하신다는 사실이다.

✦ 두 왕 ✦

그래서 우리는 이 현자들이 실제 왕이었다고 생각하지 않는다. (찬송가를 부르는 것은 여전히 괜찮다 - 그 찬송은 내가 가장 좋아하는 찬송 중 하나다.) 그러나 이 구절에는 왕들이 있다. 나는 예수의 탄생에 관한 자신의 재진술 안에 이 이야기를 포함시킨 것이 마태의 요점이라고 생각한다.

누가가 예수님을 종으로 강조한다면, 마태는 예수님을 전적으로 왕으로 대한다. 이것이 그가 족보(다른 장에서 더 자세히 설명된다)로 시작하여 예수님을 다윗 왕좌의 정당한 상속자로 세우는 이유다. 그리고 여기 마태가 로마가 인명한 유대인의 피에 굶주린 통치자 또 다른 왕 헤롯과 대조를 이루는 이유다. 이 헤롯 대왕은 자신의 정치적인 적(심지어 가족)을 공격하고 종종 죽임으로써 권력을 유지했으며, 이스라엘에 인상적인 건축물을 지었다.

동방에서 저명하고 부유한 사람들이 먼 여정을 출발하였다. 예루살렘 왕좌에 앉은 자의 발아래 앉고자 함이 아닌 베들레헴의 한 집에 있는 아기 앞에 머리를 숙이기 위함이었다. 하늘에서 온 별은 헤롯이 아닌 예수님을 가리켰다.

마태는 참된 예배자들이 참된 왕을 예배한다고 말한다. 대부분의 이스라엘 사람들은 영적인 무기력 상태에서 잠을 잤고, 성경을 아는 서기관들과 대제사장들은 하나님보다 헤롯을 두려워했다. 하지만 이들은 예배받으실 예수님을 예배하는 참된 믿음을 가지고 있었다.

동방에서 온 이들, 즉 외부인이자 이방인의 출현은 유대인의 왕이요, 열방을 위한 한 메시아를 보내시겠다는 하나님 약속의 확증이다. 예수님의 왕국은 내부인뿐 아니라 외부인을 위한 왕국이다. 사실 예수님과 가장 가까운 많은 내부자는 그분의 메시지에 가장 크게 저항하였다. 이는 오늘날에도 종종 그렇다. 교회와 가장 관계있는 사람들은 자기 의self-righteousness에 눈이 멀어 복음을 볼 수 없다. 그리고 종종 그들은 그분의 영이 이끄시는 하나님으로부터 멀리 떨어져 있는 것처럼 보인다.

따라서 우리는 복음이 오직 우리와 같은 모습과 배경과 언어를 사용하는 사람들만을 위한 것이라고 생각하기 시작할 때 잠시 멈춰야 한다. 사실 당신이 서구에 살고 있다면 당신은 복음을 전파해야 했던 '외부인' 중 한 사람일 것이다. 당신이 예수님과 가장 멀리 떨어져 있는 이방 나라의 일부이기 때문이다. 우리는 감사하게도 하나님의 약속이 특정 민족만이 아닌 우리가 그의 왕국에서 모든 나라와 민족과 방언의 대표가 된다는 사실을 목격하게 된다(계 7장). 이것이 세계 왕국이다. 우리 교회가 하늘의 실체, 즉 하나님 왕국의 아름다운 다양성을 반영할 수 있도록 기도해야 한다.

> 우리 교회가 하늘의 실체, 즉 하나님 왕국의 아름다운 다양성을 반영할 수 있도록 기도해야 한다.

✦ 진짜 왕 앞에 절하기 ✦

'현자'라는 이름은 동방에서 온 신비한 박사에게 가장 많이 붙은 용어일 것이다. 그들의 지혜가 그들의 지성이나 별에 대한 지식이 아닌 지혜의 진정한 원천을 알고자 하는 의지에 있었기 때문이다.

그들은 자신들의 동방 종교에서는 그렇지 않다는 것을 알고 있었다. 그들은 유대인의 왕이 있어야 한다고 생각했던 예루살렘에서 발견하지 못했다. 또한 예수님을 찾는 그들의 탐색에 동참했어야 할 종교 지도자들 사이에서도 발견하지 못했다. 그들은 예수님의 발아래에서 진정한 지혜를 발견하게 되었다.

여기 베들레헴에서의 장면을 생각해 보자. 본문은 그들이 헤롯 성전에서 무익한 조사를 한 후 동방에서 떠오른 별이 갑자기 다시 나타나, 마리아와 요셉 그리고 지금은 아기인 예수님이 살고 있는 곳으로 인도했다고 한다. 예수님은 우리의 성탄 장면이나 성탄절 성극과 달리 동방 박사가 나타났을 때 더는 아기가 아니었고 요람에 있지도 않았다. 헤롯의 살인 칙령으로 판단하건대 예수님은 두 살쯤 되었다고 추측할 수 있다. 그러나 그들이 탄생을 놓쳤다고 해도 경배의 긴 여정을 중요하지 않게 만들지는 않는다.

그들은 하늘을 훑어보고 고대 문헌을 자세히 살펴보았다. 그들은 사막을 헤치고 산을 넘었으며, 문을 두드렸고 성전에 발을 들여놓았다. 그들과 그들의 수행원들은 짐승을 타고 걸어 낯선 땅으로 올라갔다. 그러나 현자들의 여정은 그들이 지금 경배하는 분에 비할 바가 아니다. 예수님은 하늘의 보좌를 떠나 그분의 백성들 가운데 머물기 위해 보다 긴 여행을 하셨다.

이것이 동방 박사들이 그리스도 아이를 경배하고 높이는 이유였다. 잠시 멈추고 이 순간을 묵상해 보자. 이들은 세상의 모든 면에서 현명하고 교양이 있는 세련된 사람들이었다. 그들은 신하와 화려한 장식물에 둘러싸여 있는 젊은 왕을 기대하고 왔지만 대신에 조용한 동네에 사는 가난한 가족을 발견하게 되었다. 고대 예언에 익숙하지 않고 안내하는 별을 알지 못하는 평범한 구경꾼에게는 이 모두가 평범하다고 할 수 있다.

그러나 하나님의 인도하심에 마음이 열려 있어 진정으로 예수님을 찾고 있는 사람들은 예언자들이 예언하고 천사들이 찬양하며 마리아가 이해한 장면을 목격할 수 있었다. 지저분한 옷을 입고 아장아장 걷고 있는 아이가 하나님의 아들이었다. 그래서 명망 있는 이들은 모든 것을 버리고 예수님께 유일한 바른 반응으로 경배를 드렸다.

사실 이 광경은 모순투성이다. 어린아이가 왕족의 경배를 받고 있다. 가난한 사람들 앞에 부자들이 절을 한다. 그럼에도 불구하고 이는 하나님 나라의 거꾸로 된 본질이다.

이 순간 진짜 권력은 부유한 통치자들의 금고에도, 헤롯 궁전의 금빛 홀에도 있지 않고, 오직 그들 앞에 서 있는 유아 신인God-man 안에 있었다. 그래서 그들은 그분께 경건하고 참된 경배를 드렸다.

예수님은 후에 재물을 가진 자들이 하나님 나라에 들어갈 수 없다고 말씀하셨다(마 19:24). 돈과 힘이 우리 자신의 취약성과 구원의 필요성을 보지 못하게 하는 우상이 될 수 있기 때문이다. 그러나 예수님은 하나님과 함께한다면 모든 것이 가능하다고 말씀하셨다(마 19:26). 여기 겸손히 전능하신 분을 경배하기 위해 하나님의 영에 이끌려 온 부유하고 연줄이 있는 권력자들이 있다. 그들은 별을 따라갔고 이제는 별을 다신 그분께 경배했다.

어떤 의미에서 이 여정은 동방 박사뿐만 아니라 하나님의 나라에 들어가는 모든 사람에게 필요하다. 하나님은 교만한 자를 거부하시지만 겸손한 자에게는 은혜를 베푸신다고 성경은 계속해서 반복한다. 당신의 예금 잔고가 얼마이든지, 당신이 길거리나 혹은 해지는 대로에서 자랐든지 간에 예수님을 아는 것은 무릎을 꿇고 머리를 조아리며, 자신의 죄와 연약함을 깨닫고, 하나님의 은혜를 받는 것이다. 나는 그레고리 대제의 말을 좋아한다. 그는 우리에게 "동방 박사처럼 우리가 떠났던 길과 다른 길로 고향(낙원)으로 돌아가라"고 강하게 권고한다.[43]

성경은 언젠가 모든 사람이 예배자가 될 것이지만 예수님을 반대하는 자들에게는 너무 늦을 것이라고 말한다. 언젠가 모든 무릎이 꿇게 될 것이다(빌 2:10). 그러나 진정으로 지혜로운 사람은 아직 시간

---

[43] Manlio Simonetti, ed., *Ancient Christian Commentary, Matthew 1-13*, vol. 1a (Downers Grove, IL: IVP Academic, 2001), 27.

이 있을 때 경배하며 예배를 드린다.

✦ 값비싼 예배 ✦

우리는 이번 성탄절에, 동방 박사가 보여 준 예배의 깊이에 머물러야 한다. 마태는 참 예배자들이 어떻게 왕을 예배하는지 볼 수 있도록 그들의 이야기를 여기에 포함시킨다.

현명한 사람들의 네 가지 반응을 고려하라.

그들은 고대 예언을 읽고 별을 따라감으로써 진리를 찾았다.

그들은 헤롯에게 돌아가지 말라는 천사의 목소리에 복종하였다.

그들은 예수님을 보고 경배하였다.

그들은 헌신과 예배로 귀중한 선물을 드렸다.

그들은 값싼 예배를 드리지 않았다. 우연한 사건도 아니었다. 이는 값비싼 예배였다. 나는 독실한 문화 가운데서도 종종 불성실할 수 있다는 사실이 두렵다. 우리는 주일마다 감동 없이 찬양을 부르고, 종종 안쪽 눈을 굴리며(지루해하며) 매주 성도들의 교제에 나아간다. 그러나 만일 예수님이 참된 왕이시라면, 그리고 그분이 진정으로 이스라엘에게 약속하신 언약의 성취시고 사람들을 그들의 죄에서 구원하는 세상의 빛이시라면, 그분은 우리의 모든 몸과 영혼을 받을 만하지 않으신가?

나는 5세기 성자 크로마시오Chromatius 의 말을 좋아한다. 그는 마태복음에서 이 경건한 순간을 관찰하고 이렇게 기록했다.

> 이제 동방 박사들이 그들의 여정에서 별에 순종한 후, 왕이 태어난 후 그 왕에게 나아간 것이 얼마나 영광스러웠는지 살펴보자. 동방 박사는 즉시 무릎을 꿇고 주님으로 태어난 분을 흠모하였다. 예수님은 그저 울먹이는 아기였지만, 그들은 바로 그분의 요람에 예물을 바치면서 그분을 숭배하였다. 그들은 육체의 눈으로 하나를, 마음의 눈으로 다른 하나를 알아차렸다. 상상했던 그분의 육체의 연약함을 확인했지만, 그분의 신성의 영광이 이제 드러났다. 그분은 소년이지만 숭배받은 분은 하나님이시다.[44]

오늘날 우리의 여정은 중요하며, 우리의 예배 역시 필요하다. 오늘날 하나님은 참 예배자들을 불러 모으시고 왕의 왕께 우리의 찬양을 올리신다.

박사들은 값비싼 경배를 드렸다. 이들은 호화롭고 값비싼 선물을

---

44   Ibid.

드렸다. 교회 역사 전반에 걸쳐 그 선물들의 의미에 대해 많은 추측이 있었다. 우리는 정확히 무슨 뜻인지 모르지만 우리의 경배에 도움이 될 수 있다고 생각한다.

그레고리 대제는 금은 지혜를, 유향은 하나님께 드리는 기도를, 몰약은 마음과 영혼과 육체의 헌신을 산 제물(롬 12:1-2)로 바치는 것을 상징한다고 제안하였다.[45]

최근에 어떤 사람들은 금은 예수님의 왕권을, 유향은 그의 신성을 (유향은 종종 하나님께 드리는 제물로 사용되었다), 몰약은 그의 인성을 상징한다고 제안하였다.[46] 그 마지막 선물에서, 예수님이 십자가 위에서 고통을 겪고 있을 때 몰약이 일종의 진통제로서 제공되었다는 점이 흥미롭다. 그러나 예수님은 이를 거절하셨다(막 15:23). 또한 몰약은 예수님의 장례식에서 방부 처리액으로 사용되었다(요 19:38-42). 이것은 예수님이 죄인들을 위해 견디실 고통과 죽음의 예표인가?

우리는 그 선물들의 의미에 대해 교리적이지는 않지만, 참된 예배의 헌물과 관련된다고 확신할 수 있다. 교회 생활에서 종종 우리는 십일조나 헌금에 대해 말하기를 꺼린다. 그러나 헌물은 우리를 위해 모든 것을 주신 예수님께 감사하는 마음의 자연스러운 충만함이다.

---

45 Ibid.

46 David Platt, *Christ-Centered Exposition Commentary: Exalting Jesus in Matthew* (Nashville: B&H, 2013), 38.

아무도 동방 박사에게 헌물을 강요하지 않았다. 하나님의 영이 그들의 소유에서 자유롭게 해 주심 가운데 기꺼이 드릴 수 있었다. 헌물이 당신을 예수님께 인도하지 않지만 당신이 드린 헌물은 당신이 예수님을 만났다는 확실한 신호가 된다.

  이와 같은 이유로 그리스도인들은 성탄절의 세속화에 저항하면서도 연중 이맘때 즐거운 선물을 나누곤 한다. 우리는 축하의 의미로 서로 그리고 주님의 일에 선물을 드린다. 선물을 열고 우리 아이들이 우리에게 축복을 받을 때 얼굴이 빛나는 것을 보면 짜증을 낼 이유가 없다. 우리의 왕이 오셨다. 그리고 그분의 기쁨은 우리 마음에서 우리 손과 다른 사람들의 삶으로 넘쳐 흐른다.

학습 성찰

1. 성탄절에 예수님과 대면했을 때 당신을 가장 잘 묘사하고 있는 반응은 무엇인가?

    a. **경배** – 자신들의 큰 제물을 가지고 예수님을 찾았으며 값비싼 예배로 예수님 앞에 절할 수 있을 때까지 포기하지 않았던 동방 박사들?

    b. **분노** – 예수님의 존재에 위협을 느끼며, 개인의 힘과 이기적인 야망에 방해를 받았던 헤롯?

    c. **무관심** – 성경을 알고 예배 장소(성전)에 있었지만, 사람을 두려워함과 자기 의(독선)와 영적인 무관심으로 예수님을 놓친 서기관과 제사장들?

2. 예수님을 따른 당신의 여정은 어떠했는가?

    하나님은 당신을 아들인 예수께 인도하기 위해 당신 삶 속에서 어떻게 일하셨는가? 부모들에게 이와 같은 나눔은 자녀들과 간증을 나눌 수 있는 멋진 기회가 될 것이다.

3. 성탄절에 드리는 아기 예수님에 대한 예배가 당신의 마음에 무엇을 가져오는가?

당신은 받을 선물만을 기대하고 있는가? 아니면 당신의 왕이 오심을 기뻐하는가?

성탄절 찬양 제안

"God with Us" by Todd Agnew[47]

---

[47] 역주, 본 곡은 동방 박사 입장에서 부르는 특별한 찬양곡이다. 이들은 왕을 찾기 위해 고된 여정 후 드디어 찾게 된 아기가 어떤 분인지를 깨닫는다. 이들은 아기 예수를 '우리와 함께하신 하나님', '시간 속에 태어난 영원하신 분'이라 고백하며 예물을 드리고 '인류의 구원자로 태어나신 창조주'를 기쁨으로 찬양한다. 유튜브에서 'God With Us.mpg'로 검색하면 멋진 영상이 첨부된 음악을 들을 수 있다.

8

성탄절의 괴물: 헤롯

제 8 장

성탄절의 괴물 : 헤롯
마 2:1-23

> 이에 헤롯이 박사들에게 속은 줄 알고 심히 노하여
> 사람을 보내어 베들레헴과 그 모든 지경 안에 있는
> 사내아이를 박사들에게 자세히 알아본 그 때를 기준하여
> 두 살부터 그 아래로 다 죽이니 이에 선지자 예레미야를
> 통하여 말씀하신 바 라마에서 슬퍼하며 크게
> 통곡하는 소리가 들리니 라헬이 그 자식을 위하여
> 애곡하는 것이라 그가 자식이 없으므로
> 위로 받기를 거절하였도다 함이 이루어졌느니라
> 마 2:16-18

매년 이맘때쯤, 우리 가족은 TV 주변에 모여 우리가 가장 좋아하는 성탄절 영화 보기를 즐긴다. 사실 오랫동안 지켜 온 전통 중 하나는 추수감사절 이후 때때로 TV에서 방영되는 성탄절 영

화를 DVR에 녹화하고, 넷플릭스에 즐겨찾기 해 놓는 것이다.

아마도 우리가 가장 좋아하는 이야기는 찰스 디킨스Charles Dickens 의 〈크리스마스 캐럴 A Christmas Carol〉일 것이다. 예전 흑백 작품부터 오싹하지만 재미있는 짐 캐리Jim Carrey 버전에 이르기까지 거의 모든 작품을 보았다. 나는 수많은 라이브 공연에 참석했으며, 심지어 어린 시절에는 기이할 정도로 건전해 보이는 교회 연극에 참여하기도 하였다.

〈크리스마스 캐럴 A Christmas Carol〉은 주된 목표로 모든 사람에게 크리스마스를 비참하게 하거나 존재하지 않게 하려는 악당을 주인공으로 한다는 점에서 대부분의 크리스마스 이야기와 같다. 디킨스는 우리에게 스크루지를 제공하지만 그는 특별하지 않다. 사실 거의 모든 명절 영화에서 하나의 공통점을 찾는다면 적대자가 있다는 점이다.

- 〈멋진 인생 It's a Wonderful Life〉은 포터 씨Mr. Potter
- 〈크리스마스를 훔친 그린치 The Grinch Who Stole Christmas〉는 그린치Grinch
- 〈나 홀로 집에 Home Alone〉는 우왕좌왕하는 강도 핸리Harry와 마브Marv이다.

무슨 뜻인지 알겠는가? 모든 특징적인 성탄절 영화는 성탄절을 망치려는 사람이 나온다. 그는 보통 패밀리 성탄절 가게, 제과점, 장남

감 가게를 불도저로 밀 준비가 되어 있는 무자비한 개발업자로서 대개 늠름한 점원이 구조하러 올 때 좌절하게 된다.

본래의 성탄절 이야기에는 귀여움과 거리가 먼 잔혹한 괴물이 있다. 헤롯은 합법적인 악당이기 때문에 일반적으로 많은 성탄절 이야기에 포함되지 않는다. 나는 이 사람을 포함시키는 예수님의 탄생 무대는 없다고 생각한다.

그러나 성탄절 이야기에서 헤롯은 매우 중요한 인물이다. 그를 무시하는 것은 예수님이 태어나신 세상을 무시하는 것일 뿐만 아니라, 하나님의 위대한 구원 계획의 중요한 실마리를 놓치는 것이다. 성탄절의 따뜻한 빛 아래에 폭력적인 어두운 이야기와 모든 선함에 대항하는 우주적 전쟁의 징후가 있다.

✦ 에덴 동산으로 되돌아가다 ✦

마태복음에서 무슨 일이 일어나고 있는지 온전히 이해하려면 예루살렘의 험난한 거리와 베들레헴의 조용한 마을을 떠나 수천 년 역사와 수백 페이지의 성경으로 거슬러 올라가야 한다.

왜냐하면 우리가 이미 보았듯이 이 성탄절 이야기의 인물들은 더

큰 영적인 싸움에서 하수인일 뿐이기 때문이다. 바울은 에베소서에서 이렇게 기록한다.[48]

> 우리의 씨름은 혈과 육을 상대하는 것이 아니요 통치자들과 권세들과 이 어둠의 세상 주관자들과 하늘에 있는 악의 영들을 상대함이라(엡 6:12).

성육신의 중심에 있는 육신이 되기 위해 하늘을 떠난 하나님의 이야기는 하나님과 사탄 사이의 우주적 싸움이다. 하나님의 천사이자 하늘 합창단의 지도자였던 루시퍼가 영광에서 타락한 이후(사 14:12-14), 그와 그의 악마 무리들은 하나님의 계획을 저지하는 단 하나의 임무를 수행해 왔다.

그렇기 때문에 성탄절 이야기는 기원전 5년이나 마태복음에서 시작되는 것이 아니라 수 세기 전 에덴 동산에서 시작된다. 사탄의 첫 번째 기습 공격은 성경의 첫 페이지에서 나오는데, 하나님이 인간을 창조하시고, 에덴의 아름다움과 완전함 속에 두신 지 얼마 되지 않았을 때였다. 뱀에 거주하고 있던 사탄은 최초의 인간을 유혹하여

---

[48] Portions of this chapter are adapted from the author's blog post "The Monster of Christmas," December 8, 2010, DanielDarling.com, https://www.danieldarling.com/2010/12/the-monster-of-christmas/.

아버지를 거부하게 한다. 그들의 불순종은 그들이 창조된 순수함을 더럽혔고, 우주와 모든 인간의 심장에 부패를 주입하였다(롬 5:12).

그러나 사탄의 공격은 하나님을 놀라게 하지 못했다. 하나님은 그의 형상을 지닌 자들을 구하시고 세상을 새롭게 하기 위한 계획을 시작하실 것이다.

우리는 하나님의 말씀을 통해 이를 본다.

> **여호와 하나님이 뱀에게 이르시되 네가 이렇게 하였으니 네가 모든 가축과 들의 모든 짐승보다 더욱 저주를 받아 배로 다니고 살아 있는 동안 흙을 먹을지니라 내가 너로 여자와 원수가 되게 하고 네 후손도 여자의 후손과 원수가 되게 하리니 여자의 후손은 네 머리를 상하게 할 것이요 너는 그의 발꿈치를 상하게 할 것이니라 하시고**(창 3:14-15).

성탄절은 베들레헴에서 별이 빛나던 밤으로부터 오래전, 삼위일체의 의논으로 하나님이 세상을 죄로부터 구원하시려고 계획하셨기 때문에 영원 속에서 시작되었다. 이는 사탄의 자손과 여자의 씨 간의 길고 긴 피비린내 나는 투쟁을 포함한다. 우리는 구약성경의 한 페이지에 걸쳐 전개되는 역사를 볼 수 있는데, 여기에서 선과 악의 평행처럼 보이는 자취를 발견하게 된다.

- 아담의 아들인 가인은 승리로 보이는 아벨의 의로운 제물에 대한 보복으로 냉혹하게 그의 동생을 살해한다. 그러나 하나님은 아담의 또 다른 아들인 셋에게서 또 다른 세대를 일으키신다.
- 셋의 아들인 아브라함은 하나님의 약속을 따르도록 그의 본토에서 부름을 받았다. 그러나 아브라함의 가족은 기근과 죄와 불임으로 세 번이나 위협을 받는다. 하지만 하나님은 약속의 아들인 이삭으로 기적을 일으키셨다.
- 아브라함의 아들 야곱은 가족 결손과 자신의 악한 책략과 땅의 기근을 견뎌 낸다. 그러나 하나님은 이스라엘을 구하기 위해 그의 아들 요셉을 세우셨다.
- 4세기 후 요셉의 길을 버린 사악한 바로는 하나님의 이민자들을 위협으로 보았고, 착취와 살인으로 아브라함의 자녀들을 전멸시키기로 결심했다. 그러나 하나님은 경건한 산파를 일으키셔서 아기를 죽음에서 구하심으로써 아브라함의 또 다른 아들 모세를 갈대와 광야에서 나오게 하여 구원자가 되게 하셨다.
- 하나님은 사무엘로 하여금 다윗이라는 잘 알려지지 않은

양치기 소년에게 기름을 붓도록 인도하셨다. 그는 이스라엘의 적들을 죽이고 왕좌를 영원히 지속할 자가 될 것이다. 그러나 다윗은 사울에게서 도망쳐 종종 죄와 역기능의 길을 택하였다.

- 이스라엘 역사를 통틀어 그들은 여호와 숭배보다 우상을 선택하고, 다른 나라에 포로로 잡혀 전 세계에 흩어질 것이다. 그러나 예언자들은 다윗의 마지막이자 참된 아들이 될 한 새로운 왕이 일어날 때를 예언하였다.

- 한때 다윗의 집은 사악한 아달랴 여왕으로부터 위협을 받았다. 그러나 경건한 부부는 마지막 남은 후손인 요아스라는 아기를 6년 동안 수납장에 숨겼다.

- 사탄은 사악한 하만을 포섭하였다. 그는 페르시아에서 하나님의 백성을 없애기 위해 자신의 힘을 사용하겠다고 위협하였다. 그러나 하나님은 에스더와 모르드개에게 하나님의 백성을 구원할 권능을 주셨다.

그래서 이제 우리는 마태복음 2장 1절에서 예수님이 헤롯 시대에 태어났다는 그리스도의 탄생에 관한 마태의 이야기를 읽을 때, 그가 이 이야기 전에 있었던 일의 연속으로 기록하

마태는 예수님에 관한 깔끔한 전기가 아니라 왕국과의 충돌로 구성한다.

고 있음을 알게 된다. 헤롯 시대에 예수님이 태어나신 것은 이스라엘의 새로운 왕이 태어나기에 최악의 시기였을지도 모른다. 그러나 마태는 예수님에 관한 깔끔한 전기가 아니라 왕국과의 충돌로 구성한다.

러셀 무어 Russell Moore 는 다음과 같은 사실을 기억하기를 재촉한다. "예수님은 달콤하게 노래하는 천사들과 그의 구유 곁에서 서로 코를 비비고 있는 귀여운 순록이 사는 눈 덮인 아련한 '겨울 동화의 나라'에서 태어나지 않으셨다. 예수님은 전쟁터에서 태어나셨다. 그리고 그분은 구유에서 애굽으로 쫓겨나셨다…헤롯 왕은 권력을 위해 베들레헴의 유아들을 희생시켰다."[49]

✦ 헤롯은 누구인가? ✦

그렇다면 헤롯 왕은 정확히 누구인가? 그는 로마가 임명한 유대 총독으로 기원전 40년경에 취임하였다. 그는 송수로로 알려진 인상적인 상수도를 건설하였고 솔로몬의 성전을 재건하였던 건축가였기

---

[49] Russell Moore, "Planned Parenthood Vs. Jesus Christ," RussellMoore.com, August 4, 2015, www.russellmoore.com/2015/08/04/planned-parenthood-vsjesus-christ/.

에 헤롯 대왕으로 알려져 있다.

헤롯의 건축 업적은 인상적이다. 일부는 오늘날에도 여전히 존재한다. 나는 송수로 사이를 걸었고, 오늘날에도 이스라엘에 여전히 남아 있는 성전 일부를 방문했다. 헤롯은 무자비하고 피해망상적이었다. 이스라엘 모두는 그가 에서의 후손이었으며 이스라엘의 합법적인 왕이 아니라는 사실을 알고 있었다. 그래서 그는 공포로 다스렸다. 다음은 그의 폭력 행위의 일부 중 몇 가지 목록이다.

- 헤롯은 하스모니아 지배 가문의 마지막 일원들을 죽였다.
- 헤롯은 산헤드린의 많은 회원을 처형시켰다.
- 헤롯은 아내 마리암네와 장모 알렉산드라, 그리고 자신의 아들 세 명을 살해했다.
- 헤롯은 심지어 자신이 죽음을 맞이함과 동시에 예루살렘에 있는 모든 엘리트 지도자들을 죽이려 했는데, 그들이 경주장으로 몰려 들어가는 순간 죽이도록 하였다. 이 폭력적인 마지막 칙령은 무시되었다.[50]

그러니 동방에서 온 박사들의 수행원들이 순진하게 유대인의 새

50　Michael Green, T*he Message of Matthew* (London: SPCK, 2014).

로운 왕에 대해 묻고 있을 때 헤롯이 얼마나 두려웠을지 상상해 보라. 마태는 예루살렘 전체가 '불안해하였다disturbed'[51]고 말한다(마 2:3, NIV). 왕이 불안하였기 때문에 사람들이 불안해하였던 것이다. 이것은 단순한 골칫거리가 아니다. 공포가 퍼져가고 있었다. 헤롯은 재빨리 소식을 듣고 행동에 돌입하였다. 그가 주장한 대로 아기 예수님을 숭배하기를 원했기 때문이 아니다. 사악한 왕은 이 아기를 자기 권력의 위협으로 보았다.

헤롯은 모든 종교인, 즉 서기관과 학자들을 모았다. 이 사람들은 율법 전후를 알고 있었다. 흥미롭게도 그들은 예언자들의 예언을 정확히 알고 있었다. 그들은 심지어 미가서 5:2에서 인용하였다.

> 왕이 모든 대제사장과 백성의 서기관들을 모아 그리스도가 어디서 나겠느냐 물으니 이르되 유대 베들레헴이오니…(마 2:4-5).

그래서 헤롯은 동방 박사들을 소환한다. 그는 피해망상적이어서 심지어 그 위협이 베들레헴의 기저귀에 있다 하더라도 이 반란을 진압하기 위해 계획을 실행하고자 한다.

---

[51] 역주, KJV은 'troubled'로, 한글 성경은 '소동하였다'고 번역되었다. 아마 두려움과 불안으로 술렁거린 모습을 표현한 것 같다.

헤롯이 영적인 것처럼 보이는 자비로운 언어를 어떻게 사용하는지 주의 깊게 보라. 그는 심지어 예배 언어를 사용한다. 이는 얼마나 쉽게 권력자들이 종교 언어를 조작하고 파괴하는지 상기시켜 준다.

✦ 유다의 진짜 왕 ✦

헤롯은 자신의 계획을 가지고 있었지만 생각만큼 강력하지 않았던 것으로 드러났다. 하나님께 도전하려는 모든 통치자와 마찬가지로 이스라엘의 진정한 왕의 생명을 빼앗으려는 그의 시도는 하나님에 의해 좌절되었다. 박사들에게 하나님은 헤롯에게 보고하지 말라고 하시고, 요셉에게는 안전을 위해 마리아와 아기 예수와 함께 애굽으로 여행하라고 경고하셨다. 이것은 악과 고난의 세계에서 사탄이 우위를 점하고 있는 것처럼 보일 때, 하나님이 만물을 지배하고 계신다는 사실을 상기시켜 준다. 시편 2편에서 다윗은 전능하신 하나님께 대항하여 음모를 꾸미는 나라와 통치자들을 향한 하나님의 반응을 다음과 같이 묘사했다.

어찌하여 이방 나라들이 분노하며 민족들이 헛

된 일을 꾸미는가 세상의 군왕들이 나서며 관원들이 서로 꾀하여 여호와와 그의 기름 부음 받은 자를 대적하며 우리가 그들의 맨 것을 끊고 그의 결박을 벗어 버리자 하는도다 하늘에 계신 이가 웃으심이여 주께서 그들을 비웃으시리로다 그 때에 분을 발하며 진노하사 그들을 놀라게 하여 이르시기를 내가 나의 왕을 내 거룩한 산 시온에 세웠다 하시리로다(시 2:1-6).

이것이 바로 마태복음의 성탄절 이야기다. 하나님은 그의 왕을 그의 산에 세우기로 결정하셨다. 그 땅은 왕들의 무덤으로 가득 차 있다. 그들은 에덴에서 예수님의 생명을 통해 참된 왕을 찬탈하려 시도했지만 실패하였다. 헤롯은 힘이 있어 보일지도 모른다. 그는 이스라엘에서 공포 정치를 시작했는지도 모른다. 하지만 그는 왕 중의 왕께 적수가 되지 못한다.

이것이 우리가 이번 성탄절에 헤롯의 삶에서 배워야 할 내용이다. 우리가 생각하는 가장 큰 힘을 가진 사람들, 즉 우리 마음에 공포를 심어 주는 사람들은 실제로 그렇게 강력하지 않다.

제임스 몽고메리 보이스 James Montgomery Boice 는 이렇게 말한다. "하나님은 이러한 우주의 반란에 괴로워하지 않으신다. 하나님은 그런

어리석음을 비웃으신다."[52]

✦ 아이의 위협 ✦

순결하고 순전한 유아는 이제 유다의 권력 중심지를 위협하였다. 헤롯이 박사들의 말을 듣지 못했을 때 얼마나 화가 났을지 상상해 보라. 동방 박사의 은밀한 움직임에 그는 분노하여 베들레헴에서 2살 아래의 모든 남자아이를 학살했다. 사악하게도 헤롯은 아이들을 자신의 권력에 대한 위협으로 보았고, 잔인한 계산으로 – 베들레헴에 살아 있는 남자아이들이 커서 자신의 왕좌를 차지하지 못하도록 – 칼의 슬픔을 유대인 가족에게 가져 왔다.

잠시 멈추고 헤롯이 조용한 다윗의 도시에 얼마나 많은 고통을 가져 왔는지 생각해 보자. 헤롯의 칼로 인해 그들의 품에서 아기를 빼앗긴 가족들. 네 자녀의 아버지로서 나는 내 자녀들 중 하나가 죽어 가는 모습을 지켜본다는 것을 상상할 수도 없다.

---

52 James Montgomery Boice, *The Gospel of Matthew: The King and His Kingdom*, An Expositional Commentary, vol. 1 (Grand Rapids: Baker Books, 2001), 43.

이는 폭군의 길이다. 권력에 사로잡힌 자들은 그들의 길에서 인간성을 찾아 볼 수 없다.

이것은 유대인 소년들을 살해한 바로의 방식이었으며, 오늘날 수많은 끔찍한 살인 행위의 방식이다. 몇 년 전 성탄절에 한 초등학교에서 있었던 참혹한 폭력을 생각하면 아직도 눈물이 난다. 샌디 훅 대학살 사건을 생각하면 아직도 가슴이 떨리고 눈물이 난다. 나처럼 매일같이 아이를 학교에 내려 준 부모들이 그 소중한 아들이나 딸 없이 어떻게 집에 왔을까? 2012년 성탄절과 그 이후의 성탄절에는 빈방과 개봉하지 않은 성탄절 선물 그리고 부서진 마음만이 있다. 아버지로서 이 고통을 일으킨 괴물에게 모든 분노가 솟구쳐 오른다.

아이들에게 사악한 사람들을 위협하는 무언가가 있다고 러셀 무어는 말한다.

> 사탄은 예수님을 증오하기 때문에 아이들을 증오한다. 악이 우리 가운데 가장 취약한 '지극히 작은 자'(마 25:40, 45)를 파괴할 때, 우리 파충류의 대군주(창 3:15)의 머리를 부수는 여인이 낳은 아이, 예수님 자신의 모습을 파괴한다. 악마의 힘은 인류가 여자에게서 태어난 한 아이(갈 4:4; 딤전 2:15)에 의해 구원을 받고, 그들이 패배한다는 사실을 알고 있다. 그래서 그들은 그의 본성을 가진 아이들을 증오한다…
>
> 사탄의 세력은 우주 왕국을 원하고, 한 아이는 그들의 통치를 뿌리 뽑

는다.[53]

한 아이가 그들의 통치를 뿌리 뽑는다. 그리고 이 아이, 예수님에 의한 뿌리 뽑기는 무언가의 종말을 알리는 신호일 것이다. "한 아기가 우리에게 났고 한 아들을 우리에게 주신 바 되었는데" 우리는 이사야 9:6을 읽는다. 그러나 이 약속은 악한 세력에 대한 심판의 맥락에서 나온다. 보다시피 한 아이, 이 아이는 헤롯과 거룩한 분에 대항하는 모두를 위협한다. 구유에서 태어난 아이는 심판의 표시였다. 그분은 자신을 신뢰하는 사람들에게는 평화이시지만, 자신의 길을 가고자 하는 사람들에게는 적이시다.

그러나 이 심판은 새로운 무언가 오고 있다는 소망의 표시다. 마태는 무고한 자들을 향한 헤롯의 폭력을 서술하면서 예레미야 31장을 인용하는데, 이전 세대의 히브리 어머니와 아버지가 참았던 울음을 상기시키며 그들의 땅을 잃고 그들의 자녀들이 외국 땅으로 끌려간 것을 한탄한다. 카슨 D. A. Carson 은 마태가 이 구절을 포함시킨 것이 우리 이해에 왜 그렇게 중요한지 설명한다.

---

53 Russell Moore, "School Shootings and Spiritual Warfare," RussellMoore.com, December 14, 2012, https://www.russellmoore.com/2012/12/14/schoolshootings-and-spiritual-warfare/.

예레미야 31:15은 소망의 배경에서 나타난다. 하나님은 그 눈물에도 불구하고 포로들이 돌아오게 될 것이라고 말씀하셨다. 그리고 이제 마태는 예레미야 31:15을 언급하면서, 마찬가지로 베들레헴 어머니들의 눈물에도 불구하고 메시아가 헤롯을 벗어나 궁극적으로 통치할 것이기 때문에 희망이 있다고 말한다...

마태는 이미 유배를 그의 생각의 전환점으로 삼았다(마 1:11-12). 그 당시 다윗의 왕조는 폐위되었기 때문이다. 유배자의 눈물은 이제 '충족' 되었다. 즉, 예레미야 시대에 시작된 눈물은 베들레헴 어머니들의 눈물로 절정에 달하고 끝난다. 다윗 왕좌의 상속자가 왔고, 유배는 끝났으며, 하나님의 참 아들이 도착했다. 그는 예레미야가 약속한 새 언약(렘 26:28)을 진행할 것이다.[54]

다윗 왕좌의 상속자가 왔다. 뱀의 후손과 여자의 후손 사이의 오랜 우주적 투쟁은 그리스도 안에서 절정에 달한다. 거짓의 아버지이자, 유혈 사태의 창시자요, 가슴에 살인을 품은 사탄은 이 아기가 피 묻은 로마의 십자가에 올라 성부의 분노를 견디다가, 삼 일 만에 승리로 다시 일어날 때 패배할 것이다. 그리고 인간의 마음을 사로잡

---

[54] D. A. Carson, *Matthew*, The Expositor's Bible Commentary, Tremper Longman III and David E. Garland, eds. (Grand Rapids: Zondervan Academic, 2017), 96.

앗던 죄를 다시 돌릴 것이다. 성탄절은 우리에게 진정한 왕국을 상기시킨다. 예수님의 왕국은 연약한 자에게 권력을 주는 왕국이 아닌 번영하는 왕국으로서 나중 된 자가 첫째가 되며, 약한 자와 천한 자로 이루어질 것이다.

마태는 우리에게 감상적인 무지개에 싸인 거짓 성탄절을 주지 않는다. 그는 우리에게 더 나은 희망을 제공한다.

그렇다고 해서 고통과 폭력과 유혈 사태가 덜 사악하다거나 견디기가 덜 힘들다는 것은 아니다. 마태는 우리에게 감상적인 무지개에 싸인 거짓 성탄절을 주지 않는다. 그는 우리에게 더 나은 희망을 제공한다.

그러므로 우리는 성탄절에 우리 세계와 예수님이 들어오신 세상의 깨짐을 연구할 때 두 가지 잘못된 접근을 피해야 한다. 우리는 악을 인정하기를 거부하는 극단적 낙천주의 성향에서 벗어나야 한다. 그리고 오직 폭력과 공포만을 바라보는 절망으로부터 우리를 지켜야 한다. 예수님 안에서 우리는 라헬이 자녀들을 위해 울부짖는 모습과 그 눈물이 새롭고 지속적인 하나님의 왕국에서 지워지리라는 약속을 보며, 울고 계신 하늘의 아버지와 승리하신 그리스도를 볼 수 있다.

이 희망을 강조하는 것처럼 마태는 이 작은 메모를 포함한다: "헤롯이 죽은 후에"(마 2:19). 피해망상적인 강력한 군주 헤롯이 죽었다. 게다가 그의 왕국은 로마에 의해 분할되었고 그의 아들들이 권력의 일부를 나눠 가졌다. 그리고 수십 년이 지나도 이스라엘의 왕좌에 더는 헤롯이 없을 것이다. 그런 그가 그 아기를 죽이려 했는가? 그분은 죄와 죽음과 무덤을 물리치시고 영원히 사신다. 아기 왕은 불법의 왕보다 오래갈 것이다. 그 여인의 후손은 사탄의 머리를 짓밟을 것이다.

이는 모든 시대에 하나님의 백성이 가지고 있는 소망이다. 우리가 주일에 모일 때, 친구와 이웃에게 예수님에 대해 이야기할 때, 우리가 일할 때와 놀 때에 그러하다. 우리는 모든 상황 가운데서 왕국을 기대한다. 우리는 슬픈 얼굴로 우리 자신과 세상에 새로운 날이 밝아 오고 있다고 말할 수 있는 사람들이다. 그리고 우리는 무관심이나 떨리는 공포가 아니라 위대한 찬송가 '내 주는 강한 산성'이 선포하는 것처럼 하나님의 왕국이 움직이고 있다는 확신을 갖고 있을 수 있다.

> 그리고 비록 이 땅에 마귀가 가득 차
> 우리를 삼키려 하지만
> 우리는 두려워하지 않을 것이다.
> 왜냐하면 하나님이 그분의 진리로
> 우리를 통해 승리하기를 원하시기 때문이다.
> 어둠의 왕자는 암울하다.
> 우리는 그를 인해 떨지 않는다.

우리는 그의 분노를 인내할 수 있다.

오! 그의 운명은 확실하다.

한 작은 말이 그를 넘어뜨릴 것이다.[55]

✦ 헤롯의 내면 ✦

이번 성탄절에 우리에겐 헤롯의 생애에서 배워야 할 개인적인 교훈이 있다. 우리 대부분은 마태복음에서 성탄절 이야기를 읽을 때 우리 자신을 좋은 사람으로 만들기를 좋아한다. 우리는 예수님을 경배하기 위해 서두르는 박사, 혹은 좋은 소식을 전하려는 목자, 혹은 예수님을 기대하며 기다리는 시므온과 안나가 될 것이다.

그러나 우리 안에는 우리가 인정하고 싶은 것보다 더 많은 헤롯이 있을 수 있다. 우리 역시 예수님에 의해 위협받는다. 예수님은 우리 삶에 들어오셔서 우리의 힘을 방해하시는 방식으로 수행하신다.

---

55 역주, 본문은 영어를 직역한 표현으로, 우리가 알고 있는 찬송가 3절 가사는 이러하다. "이 땅에 마귀 들끓어 우리를 삼키려하나, 겁내지 말고 섰거라 진리로 이기리로다, 친척과 재물과 명예와 생명을 다 빼앗긴대도, 진리는 살아서 그 나라 영원하리라"

그리스도에 대한 헤롯 왕의 반응은 이런 의미에서 우리 모두의 모습이다. 만약 당신이 왕이 되고 싶을 때 누군가 자신이 왕이라고 말한다면, 둘 중 한 사람은 굴복해야 한다. 오직 한 사람만이 절대 왕좌에 앉을 수 있다… 그것은 절대적 권위에 대한 주장이자, 무조건적인 충성의 요구다. 이는 필연적으로 인간의 마음속 깊은 곳에서 저항을 일으킨다… 권력에 대한 헤롯 왕의 격렬한 욕망에 대한 어두운 에피소드는 우리 삶을 주장하시는 하나님을 향한 자연스러운 저항, 심지어 증오까지도 드러낸다. 우리는 자신이 우리의 절대적 왕이심을 나타내시는 참되신 하나님을 향한 우리 자신의 적개심을 감추기 위해 원하는 신들을 창조한다.[56]

우리는 예수님 시대와 우리 시대를 다스린 폭군들을 가리키며, 우리는 그들이 아니라고 조용히 안도의 기도를 속삭이기 쉽다. 그러나 우리는 마음속으로 헤롯을 그리워할 수 있다. 예수님의 방식을 거부하고 우리의 추구를 지지하면서, 하나님의 왕국에 희망을 두는 대신 세상의 힘을 얼마나 신속하게 신뢰하는가? 그리고 우리의 길을 가로막는 것처럼 보이는 '작은 사람들'을 얼마나 쉽게 무시하는가?

헤롯은 또한 우리가 예수님에 대해 중립적일 수 없음을 강력히 상

---

56 Timothy Keller, *Hidden Christmas: The Surprising Truth Behind the Birth of Christ* (New York: Viking, 2016), 67-70.

기시킨다. 우리는 그분을 대적하거나, 혹은 회개와 믿음으로 경배하며 예배드릴 수 있다.

학습 성찰

1. 창세기 3장부터 예수님의 생애에 이르기까지 하나님과 사탄의 우주적 전투를 기록하고 추적해 보자.

    a. 이러한 관점이 성경을 하나의 이야기로 보는 방식을 어떻게 바꾸는가?

    b. 이것은 이 세상의 악을 이해하는 데 어떤 도움이 되는가?

2. 예레미야 31장을 다시 읽어 보자. 이 말씀이 어떻게 예언 구절에 관한 마태의 인용을 이해하는 데 도움을 주는지, 그리고 진정한 기독교 소망을 제공하는지 생각해 보자.

3. 우리가 어떻게 헤롯의 충동에 굴복하려는 유혹을 받는지 묵상해 보자.

    a. 우리가 언제 권력을 얻기 위해 '작은 사람들'을

밟고 싶은 유혹을 받는가?

b. 우리는 어떻게 우리를 방해하는 사람들을 소외시키는가?

c. 우리는 어떻게 우리의 삶을 다스리려는 그리스도의 통치에 저항하는가?

성탄절 찬양 제안

"Massacre of the Innocents" by Coventry Caro[57]

57　역주, 원서는 "The Slaughter of Innocents" performed by The Waverly Consort를 제시하였으나 유튜브에서 검색이 불가능하였기에 동일한 제목의 다른 곡을 제시하였다. 특별히 이 곡은 성탄절의 기쁜 찬양이라기보다 아기 예수님을 죽이려는 헤롯 왕의 악한 계획에 따라 죽어간 수많은 어린 아기들을 돌아보게 한다. 특별히 음악과 함께 나오는 영상은 당시 일어났던 슬픈 역사를 상상할 수 있게 한다.

9

가장 오래된 버킷리스트 : 시므온과 안나

제 9 장

가장 오래된 버킷리스트 :
시므온과 안나
눅 2:21-38

주재여 이제는 말씀하신 대로 종을 평안히 놓아 주시는도다
내 눈이 주의 구원을 보았사오니 이는 만민 앞에
예비하신 것이요 이방을 비추는 빛이요
주의 백성 이스라엘의 영광이니이다 하니
눅 2:29-32

연약한 90세의 고故 조지 H. W. 부시 George H. W. Bush 대통령은 병장에게 매달렸다. 육군 골든나이츠 낙하산팀의 일원인 마이크 엘리엇 Mike Elliot 은 메인주 케네벙크포트에 있는 그의 여름 별장 근처 비행기에서 뛰어내렸다.

2차 세계 대전의 파일럿이었던 부시는 자신에게 했던 일련의 약속들을 이행하고 있었다. 이번 약속은 90대에 스카이다이빙을 하겠다는 서약이었다. 이 점프는 조금 더 쉬웠다. 그는 이미 85세에 도약을 한 베테랑 스카이다이버였다!

오늘 이 글을 커피나 핫초콜릿과 함께 읽고 있다면, 여러분은 말도 안 되게 높은 고도에서 점프하는 꿈을 꾸고 있지 않을 것이다. 나는 분명히 그렇지 않다. 하지만 여러분에게 물어보면 이 세상을 떠날 때쯤 이루고 싶은 여러분만의 특별한 꿈이 있을 것이다.

부시 대통령처럼 우리 모두는 버킷리스트 bucket list 를 가지고 있다. 모건 프리먼 Morgan Freeman 과 잭 니콜슨 Jack Nicholson 이 주연한 2007년 영화 이후, 우리가 '죽기 kick the bucket' 전에 경험해야 할 가치 있는 경험 목록에 대한 아이디어는 우리 문화 용어의 일부가 되었다.

어떤 사람들은 에베레스트 산을 오르고 싶어 한다.
어떤 사람들은 진정한 사랑을 찾아 결혼을 하고 싶어 한다.
일부는 스카이다이빙을 하고 싶어 한다.
어떤 사람들은 유명한 사람을 만나고 싶어 한다.

나는 내 목록이 좀 더 평범하다는 것을 인정한다. 나는 전직 대통령을 몇 명 만나고 싶고, 아내와 함께 6개월 동안 유럽 여행을 하고 싶다. 유명한 강단에서 설교하는 것도 괜찮다.

음, 포르쉐도 나쁘지 않다.

1세기에 그들은 이를 버킷리스트라고 부르지 않았다. 인간의 마음속에는 사무치는 열망이 늘 존재한다. 성탄절 이야기에서 누가는 평범한 두 사람의 갈망을 기록하고 있다.

✦ 평범한 의식 ✦

시므온과 안나는 다른 일반적인 유대인의 정화 의식에서 단역으로 출연한다. 오늘 우리는 마리아와 요셉에게 조명을 넣고 우리의 탄생 세트와 성탄절 카드를 장식한다. 그러나 이 1세기에 누가는 평범한 날의 막을 연다. 환한 조명도, 보도 자료도, TV 방송도 없다.

주위 사람들에게 마리아와 요셉은 정화 의식을 위해 성전에 나타난 유대인 가족 중 하나일 뿐이었다. 그들은 유대인의 법을 따르고 있었다. 예수님은 태어난 지 7일 만에 할례를 받으셨고, 할례를 받은 지 33일 만에 마리아와 요셉은 정결 의식을 위해 그리고 예배를 위해 주님께 자신들의 아이를 바치기 위해 이곳 성전으로 돌아왔다.

하지만 여기 이 순간은 결코 평범하지 않다. 결국 그 아기는 하나님의 아들이시다. 그 말씀은 창조물을 조성하고, 아담과 이브를 땅의 먼지에서 조각하며, 그의 부모에게 생명의 숨을 불어넣은 분이시다. 그분은 할례에 복종함으로써 그의 백성인 이스라엘과 공개적으로 동일시되셨다. 예수님은 오직 자신만이 성취할 수 있는 율법에 완벽하게 복종하셨고, 불결한 것과 동일시하셔서 마리아와 요셉과 시므온과 안나 그리고 모든 참된 신자가 언젠가는 정결해질 수 있게 하셨다.

아무도 그날에 성전에서 구주를 찾지 않았다.

 마리아와 요셉은 희생 제물의 일부로 산비둘기 두 마리를 가지고 갔다. 물론 여기에는 깊은 아이러니가 있다. 그들은 하나님의 어린 양을 품에 안았지만 너무 가난하여 어린 양을 살 수 없었고, 대신 작은 산비둘기에 만족해야 했다. 그것은 하나님이 선택하신 사람들을 상기시켜 준다. 그리스도의 왕국은 권력자들의 궁궐이나 사유지가 아닌 산비둘기를 사기 위해 충분한 세겔을 구해야 했던 평범하고 순전한 사람들 사이에 침입한다. 그리고 그들의 품에 그렇게 꼭 안겨 있는 아기는 언젠가 이 희생된 동물이 상징하는 죄를 위한 완전한 제물이 될 것이며, 세상의 죄를 위해 죽는 하나님의 양이 될 것이다.

✦ 준비된 사람들 ✦

하지만 여기에 문제가 있다. 아무도 그날에 성전에서 구주이신 그리스도 아기를 찾지 않았다. 어느 누구도 이 날의 일을 나중에 우리가 읽을 수 있도록 의사가 잉크로 기록하여 성경에 보존될 순간을 기대하지 못했다. 그날과 대부분의 날, 예루살렘에 무거움이 있었다. 하나님이 그의 백성에게 직접 말씀하신 지 수백 년이 지났다. 유대인들은 성전을 지나갈 때마다 로마 국기가 땅 위로 높이 나부끼는 것을 보아야 했다. 이것은 잃어버린 영광을 상기시켜 주는 시각적인 모욕이었다.

메시아가 되려는 사람들이 나타났다가는 사라졌다. 이제 그들은 헤롯과 같은 사람들에 의해 통치되었다. 그들의 부패한 권력의 상승과 무자비한 지도력은 평범한 유대인들로 더욱 환멸을 느끼게 했다. 그들 중 누구도 로마의 타락과 헤롯 궁전에서의 불법 행위와 그들 마음속의 죄악의 해결책이 겨우 몇 발자국 떨어진 목수의 품에서 쉬고 있다고 생각하지 못했다.

고서들을 샅샅이 뒤져 신학의 마지막 신비로움까지 아는 것에 자부심을 느끼던 성전의 종교 지도자들조차도 예수님을 알지 못했다.

그러나 그날, 기다리던 부모들이나 종교 지도자들 사이가 아닌 군중 속에 신비한 노인과 신비한 노파가 있었다. 그들의 동료나 냉소주

의자들이나 종교 지도자들과 달리, 안나와 시므온은 성경의 오신다는 메시아 언약의 근본적인 믿음에 근거하여 불가능해 보이는 소원을 붙잡았다. 하나님이 그들 시대에 육신으로 나타나실까?

대부분이 표적과 예언과 별을 놓치고 그 목자들의 열광적인 이야기를 묵살했지만, 심지어 당국조차 여행하는 동방 박사의 조사도 무시했지만, 안나와 시므온은 기다렸고 믿었다.

그들은 성경과 예언을 공부했다. 하지만 그들은 그 이상으로 하나님 영의 목소리를 들었다.

✦ 시므온은 누구인가? ✦

그렇다면 가려진 그늘 속에서 복음 이야기에 갑자기 나타난 이 시므온이란 인물은 누구일까? 흥미로운 사실은 2천 년이 지난 지금도 그가 누군지 알지 못한다는 것이다. 그의 목격자 진술을 공들여 상세히 기록한 누가는 시므온의 생애에서 오직 한 가지만을 중요하게 생각했다: "의롭고 경건하여 이스라엘의 위로를 기다리는 자라."

우리는 그의 가족에 대해 아무것도 모른다. 그가 어떤 마을에서 태어났는지, 심지어 그의 직업이 무엇이었는지도 모른다. 우리가 우리 자신과 친구로 지낸 사람들을 설명하는 데 사용하는 모든 특징이 나타나지 않는다. 오직 누가에게 중요했던 사실은 시므온이 여호와의 충실한 추종자였으며, 주변 사람들과 달리 여전히 하나님이 그의 백성을 구원하기 위해 일하실 것임을 믿었다는 점이다.

시므온은 다윗의 아들인 오실 종이신 왕 Servant-King 언약이 율법과 예언자들 전체에 걸쳐 있다고 믿었다. 그는 자신이 읽은 모든 것을 이해하지 못했을지 모르지만 믿을 만큼 충분히 알고 있었으며, 성령의 속삭임을 들을 만큼 충분히 알고 있었다. 그리고 그는 연구를 위해 지원을 받는 학자나 가르침을 위해 지원을 받는 서기관보다 하나님과 일치하였다.

그날의 성전을 상상해 보라. 몸이 굽은 백발의 한 노인이 매일 사원에 와서 메시아를 기다리고 있다. 종교인들은 아마도 그가 괴상하다고 생각할 것이다. 등 뒤에서 농담을 한다. "여기 시므온은 주님이 오늘 오신다고 생각하네!"

매일 그는 군중을 훑어본다. 매일 그는 주님께 묻는다. "이 아기가 그분입니까?" 그러면 매일 주님이 대답하신다. "아니, 시므온아, 이 아이가 아니다."

그러던 어느 날 마침내 하나님의 영이 속삭인다. "오늘이 바로 그날이다. 이 아이가 그분이다. 너는 하나님의 아들을 만나게 될 것이다."

아마도 그는 이스라엘의 마지막 위대한 왕이 선택되었던 방식을 떠올렸을 것이다. 유사하게 연로한 신앙의 사람이 나란히 선 이새의 아들들에게 다가가 주님께 물었다. "이 사람이 다음 왕입니까?" 그러자 영은 매번 사무엘에게 대답했다. "아니다. 이 사람은 그 사람이 아니다." 드디어 양을 치던 들판에서 소환된 예상 밖의 양치기 소년 다윗이 들어온다.

"그래, 이 사람이 이스라엘의 다음 왕이 될 것이다."

시므온의 연로한 심장이 그 안에서 어떻게 뛰었을지 상상해 보라. "당신의 아이를 제가 안아도 될까요?" 그는 묻는다. 그리고 시므온은 언젠가 죄에서 구원으로 옮겨 줄 연약한 갓난아이를 품에 안는다. 그는 그분의 권능으로 우주를 지탱하시는 작은 구주의 눈을 바라본다.

평생을 함께 나누기 위해 준비해 온 말들이 그의 가슴에서 솟구쳐 오른다. 그가 한 기도는 교회 역사를 통틀어 동굴에서 대성당에 이르기까지 암기하였고, 노래하였으며, 액자에 담았다.

> **주재여 이제는 말씀하신 대로 종을 평안히 놓아 주시는도다 내 눈이 주의 구원을 보았사오니 이는 만민 앞에 예비하신 것이요 이방을 비추는 빛이요 주의 백성 이스라엘의 영광이니이다**
>
> (눅 2:29-32).

"나는 당신의 구원을 보았기 때문에 죽을 수 있습니다." 아기는 시므온에게 평범한 아기가 아니었다. 아기는 시므온의 구원이 될 뿐만 아니라 세계와 모든 민족과 부족과 언어의 구원이 될 것이다. 이는 하나님이 족장의 상속자가 열방을 축복하게 될 것이라고 약속하셨을 때 아브라함에게 말씀하신 그분이다. 또한 하나님이 군주에게 영원한 왕국을 약속하셨을 때 다윗에게 말씀하신 그분이다. 이는 선지자들이 말한 분이자, 유다 지파의 사자, 고통받는 종, 정복하는 왕이시다.

시므온은 예수를 만났고, 그는 죽을 준비가 되어 있었다.

물론 죽음은 성탄절에 있어서 이상한 주제이다. 따뜻한 명절의 여흥에 적합하지 않다. 하지만 시므온은 죽음을 정복할 사람을 만났기 때문에 – 언젠가 우리 모두 마주하게 될 – 죽음을 맞이할 수 있다는 사실을 알고 있었다.

우리는 시므온의 삶에서 배울 것이 너무 많다. 그의 인내와 냉소적 시대 속에서 주의 깊게 하나님을 경청함, 아기 예수를 향한 그의 경배가 그러하다. 그러나 시므온에게 있어서 그리고 여러분에게 있어서 가장 중요한 것은 예수님과 그의 관계이다. 이제 시므온은 죽을 수 있었는데, 바른 종교 영역을 확인했거나 유대 신앙의 모든 외적 의식을 수행했기 때문이 아니라 그가 신인神人, God-man 을 믿었기 때문이다.

오해하지 마라. 시므온은 죽음을 추구하지 않았다. 우리도 마찬가지다. 그러나 내일이건 마흔이건 우리 시대가 오면 우리가 평화의 왕자를 알기 때문에 평화롭게 죽음을 맞이할 수 있음을 아는 달콤한 확신이 있다.

목사로서 나의 경험상, 가장 충만한 삶을 살았던 그리고 매일 기쁨과 열정으로 살아온 사람들은 자신의 죽음에 가장 평화로왔다. 그들은 우리가 성탄절에 축하는 이 작은 아기가 죽음을 물리쳤다는 걸 이해한다. 이것이 바울이 만족함으로 "사는 것이 그리스도니 죽는 것도 유익함이라"(빌 1:21)라고 말할 수 있었던 이유다. 어느 쪽이든 그는 평화를 누리고 그리스도는 영광을 받는다.

이것이 성탄절의 핵심 메시지다. 오늘 이 글을 읽으면서 여러분은 또 다른 12월의 따뜻함과 분주함에 휩싸일 것이다. 그러나 단지 가족들이 함께 모이거나 따뜻한 음료를 마시기 위해서가 아니라 신자로서 '예수님이 우리 죄로부터 우리를 구원하기 위해 오셨다'라는 기독교 핵심 진리를 인정하기 위해 시간을 할애했다는 점을 기억해야 한다.

시므온은 이 예수님이 그냥 평범한 아이가 아니라는 사실을 알고 있었다. 그는 이 모두가 정확히 어떻게 될지 이해하지 못했을 수도 있고, 하나님이 인간이 되신 신비를 완전히 이해하지 못했을 수도 있다(우리도 마찬가지다). 그러나 시므온은 예수님이 모든 유대인이 보기를 원했던 오래 기다려 온 메시아일 뿐만 아니라 그가 '이방의 빛'이 될 걸 충분히 알고 있었다. 이것은 종종 예수님의 탄생에 관한 복음 이야기, 즉 마리아의 노래와 스가랴의 찬양과 요셉에게 한 천사의 말 등에서 발견된다.

때때로 우리는 예수님이 우리와 닮은 사람들을 구하기 위해 오셨다는 유혹을 받는다.

예수님은 전 세계를 위한 구세주셨고 지금도 그렇다. 우리는 이 진실을 이해하는 것이 중요하다. 때때로 우리는 예수님이 우리와 닮은 사람들을 구하기 위해 오셨다는 유혹을 받는다. 하지만 우리는 선지자들의 말씀을 통해 창세기의 아브라함에게 하신 약속에서 그리고 복음서 이야기에서 그리고 바울의 서신을 통해 그리고 계시록에서 요한의 비전에서 하나님의 나라는 모든 나라, 모든 지파, 모든 언어의 사람들로 이루어져 있다는 사실을 듣는다.

우리 구원의 큰 대가를 잊지 말자. 성전에서의 이날은 축하와 봉헌의 날이었지만, 시므온의 말은 마리아가 듣기에 즐거운 것이 아니었다. 특히 "칼이 네 마음을 찌르듯 하리니"와 같은 그의 선언은 더욱 그러하다. 이는 초보 엄마들이 자신의 모성에 대해 정확히 듣고 싶어 하는 것은 아니지만 시므온은 그 약속이 기쁨과 아픔 그리고 축복과 고통을 가져다준다는 사실을 알고 있었다. 시므온이 안아 준 아기는 그의 어린 부모를 좋아하고 발로 차며 기뻐했다. 이 아기는 피에 굶주린 군중들에 의해 언젠가는 부당한 재판을 견뎌내야 한다. 그분이 창조주로서 지으신 바로 그 사람들은 그의 고통의 외침을 비웃을 것이다. 그분이 구하기 위해 오신 세상은 그분을 죽음으로 내몰 것이다. 무엇보다도 그분이 영원토록 대화를 나누신 아버지께서 그의 아들을 순전하고 흠 없는 어린 양이 아닌 반역적인 인류의 모든 죄와 고통의 화신이라고 볼 것이다.

이 칼은 마리아의 독특한 소명이었다. 언젠가 그녀는 추악한 로마의 처형 도구인 십자가 밑에 무릎을 꿇게 될 것이다. 그리고 언젠가 그녀는 그가 빌린 무덤에 죽은 채 누워 있을 때 다른 사람들과 함께 울게 될 것이다. 언젠가 그녀는 천사의 약속에 질문을 제기하고 두려워하며 의심할 것이다.

시므온이 마리아에게 한 말은 다가올 왕에 대한 선지자 비전에 뿌리를 두고 있다. 그는 고통과 정복을 동시에 겪게 될 것이며, 그의 적들을 다스리나 그의 백성의 죄를 위해 찔리게 되실 것이다. 이것이 성탄절이 우리가 종종 축하하는 달콤한 축일과 거리가 먼 경이로우면서도 폭력적인 이유다. 하나님의 나라는 하나님 아들의 폭력적인 죽음을 통해 처음 도래하였다.

그러나 마리아는 믿는 모든 사람과 마찬가지로 그녀가 안고 있는 아기가 그분을 십자가에 못 박은 자들의 죗값을 치를 뿐만 아니라 그분의 부활로 죽음을 물리칠 것이라는 희망을 찾을 수 있었다. 그녀의 아들은 이 모든 것을 견디어 그녀와 시므온과 당신과 나와 같은 죄인들을 하나님과 화해시킬 것이다. 예수님의 미래의 고통은 우리의 구원이요, 하나님의 영광이 될 것이다.

✦ 첫 번째 복음 전도자 ✦

시므온은 다른 순례자에 의해 그의 열망에 동참하였다. 시므온과 같이 우리는 그녀가 아셀 지파의 선지자라는 것 외에는 안나에 대해 많이 알지 못한다. 그녀는 단순히 우리에게 이야기하는 누가의 방법으로 말한다. 그녀는 은사를 가지고 있었으며 주님의 말씀을 선포하기를 두려워하지 않았다. 우리는 선지자의 말을 생각할 때 종종 예언을 생각한다. 그러나 안나에게 있어 가장 중요한 사역은 성전에 나와 하나님의 백성들에게 약속과 소망에 대한 하나님의 말씀을 상기시키는 것이었다.

나는 안나를 생각할 때면 확고한 용기가 떠오른다. 여기 그녀는 평생 과부로서 먼 약속을 고수하였고, 피곤하고 지친 백성들에게 좋은 소식을 전하였다. 그녀는 수년 동안 이 일을 매일 수행하였다.

여기서 안나의 존재는 하나님 나라의 거꾸로 된 본질을 이해하는 데 도움이 된다. 유명인 시대에 우리는 하나님이 대부분의 유명하고 재능이 있는 사람들 사이에서 일하고 계시며, 교회는 가장 큰 소셜 미디어를 따르는 사람들 또는 가장 큰 교회를 가진 사람들의 은사 위에 세워졌다고 가정한다. 그러나 교회는 대부분 평범한 사람들과 추방자들 그리고 부적응자들과 잊힌 사람들의 구불구불한 길을 따라 나아간다.

여러분은 예수님 탄생 이야기에 동방 박사와 같은 귀족도 포함되어 있지만 예수님 주변의 대부분은 단순하고 평범했음을 알게 될 것이다.

누가는 안나가 성전에 항상 있었다고 말한다. 그녀는 메시아를 기대하며 밤낮으로 금식했다. 안나는 자신의 눈을 하나님께 고정시켰고, 하나님 아들과 만나게 되었다.

이는 하나님의 방문이 어떤 사람들에게 있는지 알려 준다. 바로 밤낮으로 하나님을 기다리는 자들이다.

학습 성찰

우리는 안나와 시므온의 삶을 보면서 우리 삶에 대한 강력한 메시지를 배운다. 만약 당신의 그룹과 함께 이 글을 읽고 있다면, 함께 모여서 다음의 사항들을 고려해 보는 것이 좋을 것이다.

1. **하나님은 겸손한 자를 방문하신다.**

    예수님의 다른 이름인 임마누엘은 '우리와 함께 계시는 하나님'을 의미한다. 알다시피 우리는 우리와 함께 계신 하나님을 알고 있다. 그분은 낮은 곳에 있는 우리를 방문하신다. 성탄절 이야기를 읽으면서 하나님이 방문하시기로 택한 사람들, 즉 낮은 목자들, 외국의 고위 인사들, 평범한 일반인들, 농부 커플, 아셀 지파의 과부를 보게 된다. 이들은 하나님이 사용하시는 사람들이다. 그러하기에 우리는 이야기 속에 있는 우리 자신을 찾을 수 있다. 하나님은 우리와 함께하신다. 하나님은 강하고 영향력 있는 자가 아닌 연약한 우리와 함께하신다.

a. 예수님을 위해 당신은 어떤 마음의 준비를 하고 있는가?

b. 이번 성탄절에 겸손과 통회하는 마음을 막는 당신의 직함과 명예와 영광은 무엇인가?

2. 우리 역시 예수님의 오심을 신실하게 예상해야 한다.

안나와 시므온이 모든 역경과 시대의 논리와 회의론에 맞서 예수님의 오심을 신실하게 소망했듯이 우리도 예수님의 재림 소망을 고수해야 한다. 나는 그들의 시대 사람들이 "포기해, 그분은 오시지 않아."라고 말하는 것을 상상한다. 그러나 그들은 믿음으로 저항하였다. 우리도 그래야 한다. 사람들은 내게 말한다. "그분은 오시지 않아요. 그들은 수년 동안 그렇게 말하고 있어요." 그러나 그분은 오신다. 우리는 기다리며 믿고 있다.

a. 교회에서의 죄와 세상의 시련 때문에 예수님이 오신 이야기에 냉담해졌는가?

b. 이제 예수님의 약속에 다시 기대야 할 때가 되지 않았는가? 예수님은 첫 번째 오신다는 약속을 이행했을 뿐만 아니라 다시 승리로 오겠다고 약속하셨다.

3. 당신은 죽을 준비가 되었는가?

무시무시한 질문처럼 들리지만 정말로 희망적인 질문이다. 안나와 시므온처럼 우리도 하나님과 화평을 찾을 수 있는가? 그들은 메시아를 보았고 영원에 들어갈 수 있었다. 당신이 죽을 준비가 되었다면 살 준비가 된 것이다.

   a. 당신은 성경의 예수님과 개인적으로 만난 적이 있는가? 당신의 죄를 회개하고 예수님을 주요 구원자로 따르고 있는가?

   b. 당신은 예수님을 따르는 자일 수도 있지만 그분을 향한 당신의 마음이 식어졌을 수도 있다. 당신은 그분과의 동행을 새롭게 하기 위해 고백해야 할 죄가 있는가?

4. 당신의 버킷리스트는 무엇인가?

시므온에게 버킷리스트는 예수님을 보는 것이었다. 사도 바울에게 있어서 그의 유일한 목표는 그리스도를 더 많이 아는 것이었다. 바울은 또한 이곳에 머물면서 좋은 소식을 전하거나 혹은 천국에 가서 그리스도와 함께 있기를 원한다고 말하였다.

a. 당신에게 있어서 영적인 버킷리스트는 무엇인가?

b. 당신의 삶에서 예수님을 아는 것보다 더 중요하게 된 우상이 있는가?

성탄절 찬양 제안

Isaac Watts's Christmas hymn :
"The King of Glory Sends His Son"[58]

---

58 역주, 아이작 와츠(Isaac Watts; 1674.7.17-1748. 11.25)는 영국의 목회자로서 찬송시 작가로 유명하다. 그는 750개의 찬송시를 작사하여 영국 찬송시의 아버지로 불린다. 대표적인 곡으로는 "기쁘다 구주 오셨네", "주 달려 죽은 십자가", "십자가 군병되어서", "천성을 향해 가는 성도들아"가 있다. 책에 실은 본 곡은 어디에도 찬송가로 부른 음원을 찾을 수 없다. 하지만 아이작이 쓴 이 가사는 예수 그리스도의 탄생에 따른 모든 이야기를 담고 있다. 가사만 찾아 음미해도 깊은 은혜를 받을 수 있을 것이다.

10

예수님 가계의 놀라운 사람들

제 10 장

예수님 가계의 놀라운 사람들
마 1:1-11

> 아브라함과 다윗의 자손
> 예수 그리스도의 계보라
> 마 1:1

나는 주니어다. 내 이름은 다니엘 마이클 달링 주니어 Daniel Michael Darling Jr. 이다. 내 아버지는 다니엘 마이클 달링 시니어 Daniel Michael Darling Sr. 이다. 이는 열 살 난 아들이 누군가 그의 이름을 물을 때마다 자랑스럽게 공유하는 내용이다. 나 또한 진지하다. 내 아들에게 내 이름을 줬으니 나는 그 이름을 지니는 것이 그의 평생에 큰 창피함이 되지 않도록 살아야 한다.

아이들의 이름을 짓는 것은 하나님이 부모에게 주신 가장 소중한 선물 중 하나이다. 나에게는 네 자녀가 있다. 아들 외에 세 명의 딸이 있는데 그중 두 명은 성탄절 무렵에 태어났다. 이맘때 우리는 예수님의 탄생을 축하할 뿐만 아니라, 엠마와 그레이스의 생일을 축하하고 있다.

비록 많은 부모와 마찬가지로 우리도 자녀의 이름에 대해 고민했지만, 우리는 예수님 시대에 부모가 했던 것만큼 이 관행에 큰 의미를 두지 않는다. 성경 전체에서 이름은 중요한 의미가 부여되고, 어떤 사람이 될 것인가 뿐만 아니라 누구에게 속해 있는지도 알려 준다.

오늘날 족보에 관한 관심이 새로워지고 있는데, 아마도 인터넷이 우리 가족의 역사를 더 쉽게 추적할 수 있게 했기 때문일 것이다. 23andMe 및 AncestryDNA와 같은 서비스는 전 세계 사람들이 새로운 친척을 찾고 그들의 완전한 민족 정체성을 발견하도록 한다.

마태는 이름 목록과 함께 그의 복음을 출발하며 그렇게 성탄절 이야기를 시작한다. 이것은 우리가 성경을 읽을 때 대부분 건너뛸 수 있는 부분이다. 이런 내용을 공적으로 낭독하는 경우는 거의 없으며, 지루해 보이는 족보를 설교하는 목회자도 거의 없다.

그럼에도 마태가 이 목록을 기록하고 있는 것은 자신의 페이지 수를 늘려야 했기 때문이 아니다. 그는 예수님이 누구이신지에 대해 담대하게 진술하고 있다.

14 x 3 = 예수님

마태는 대담한 주장을 함으로써 그의 복음서를 열었다.

아브라함과 다윗의 자손 예수 그리스도의 계보라

(마 1:1).

마태는 그의 독자들에게 나사렛에서 온 이 떠돌이 랍비가 거짓 혐의로 체포되어 로마인들에게 처형되었고, 요셉의 아들인 그는 다윗 왕좌의 정당한 후계자이며, 약속된 하나님의 아들이라고 말한다. 그는 이를 증명할 수 있는 보증을 가지고 있다.

첫째, 그는 두 명의 중요한 이름을 언급하며 시작한다. 그는 예수님이 다윗의 자손이자, 아브라함의 자손이라고 말한다. 이것이 왜 중요할까? 이를 완전히 이해하기 위해서 우리는 창세기로 돌아가야 한다.

하나님이 아브라함을 불러 그의 가족과 모든 익숙한 것을 떠나 그가 알지 못하는 장소로 가라고 하신 것은 그로 하여금 방랑자가 되게 하기 위함이 아니었다. 하나님은 아브라함과 함께 무언가를 하고 계셨다. 한때 이교도였던 이 사람으로부터 한 가족이 나오고, 이 가족으로부터 나라가 나올 것이다. 이것이 하나님이 수없이 약속하신 내용이다.

> 여호와께서 아브람에게 이르시되 너는 너의 고향과 친척과 아버지의 집을 떠나 내가 네게 보여 줄 땅으로 가라 내가 너로 큰 민족을 이루고 네게 복을 주어 네 이름을 창대하게 하리니 너는 복이 될지라 너를 축복하는 자에게는 내가 복을 내리고 너를 저주하는 자에게는 내가 저주하리니 땅의 모든 족속이 너로 말미암아 복을 얻을 것이라 하신지라(창 12:1-3).

> 그를 이끌고 밖으로 나가 이르시되 하늘을 우러러 뭇별을 셀 수 있나 보라 또 그에게 이르시되 네 자손이 이와 같으리라 아브람이 여호와를 믿으니 여호와께서 이를 그의 의로 여기시고 (창 15:5-6).

당시 아브라함은 하나님이 어떻게 그의 가족으로부터 한 나라를 만드실지, 그리고 보통의 나라가 아닌 '지상의 모든 가족들'을 축복할 한 백성을 만드실지 이해할 수 없었다. 이것이 어떻게 가능할까? 그러나 이 약속은 이삭(창 26장)과 야곱(창 28장)과 이스라엘 백성의 세대를 통해 반복되었다.

나중에 이스라엘 역사에서 하나님은 또 다른 무명의 사람을 끌어

내어 더 크고 불가능해 보이는 약속을 하실 것이다. 그분은 사무엘에게 양치기 목장에서 다윗을 찾아 이스라엘의 다음 왕으로 기름을 부으라고 촉구하셨으며, 다윗이 마침내 이스라엘의 왕좌를 차지했을 때 하나님은 다윗의 왕좌를 영원히 보존하시겠다고 말씀하셨다.

> **네 수한이 차서 네 조상들과 함께 누울 때에 내가 네 몸에서 날 네 씨를 네 뒤에 세워 그의 나라를 견고하게 하리라 그는 내 이름을 위하여 집을 건축할 것이요 나는 그의 나라 왕위를 영원히 견고하게 하리라 나는 그에게 아버지가 되고 그는 내게 아들이 되리니 그가 만일 죄를 범하면 내가 사람의 매와 인생의 채찍으로 징계하려니와 내가 네 앞에서 물러나게 한 사울에게서 내 은총을 빼앗은 것처럼 그에게서 빼앗지는 아니하리라 네 집과 네 나라가 내 앞에서 영원히 보전되고 네 왕위가 영원히 견고하리라 하셨다 하라**(삼하 7:12-16).

한 왕국을 영원히? 이 말이 다윗에게 어떻게 들렸을지 생각해 보라. 물론 군주로서 그는 자신의 아들이 통치하고 아들의 아들이 통치하여 그의 후계자가 계속되기를 원했다. 그러나 가장 자기애가 강한 통치자라 하여도 "오, 왕이여, 영원히 사십시오."라는 말을 보통은 믿지 않는다. 당신은 어떻게 당신의 가족이 영원히 권력을 잡을 수 있다는 사실을 확신하는가?

하지만 이 말씀은 과장이 아니었다. 하나님은 이스라엘 왕국이 분열되고 정복된 후에도 그리고 다윗이 죽고 장사된 지 수 세기가 지난 후에도 실제로 이를 의미했으며 이 언약을 갱신해 주셨다: "내가 한 목자를 그들 위에 세워 먹이게 하리니 그는 내 종 다윗이라 그가 그들을 먹이고 그들의 목자가 될지라 나 여호와는 그들의 하나님이 되고 내 종 다윗은 그들 중에 왕이 되리라 나 여호와의 말이니라"(겔 34:23-24).

에스겔 선지자는 더 이상 그들의 땅을 소유하지 못하고 다른 정복 왕국에 의해 통치받고 있는 백성에게, 그리고 우상 숭배로 하나님의 심판을 받은 백성들에게 편지를 썼다. 그럼에도 불구하고 하나님은 사무엘하 7장에서 다윗에게 하신 약속을 계속해서 상기시키고 새롭게 하신다.

이것은 단지 하나의 예에 불과하다. 만약 당신이 시간을 내어 선지서들을 읽어 본다면(이것은 당신의 신앙을 크게 강화시키는 훈련이 될 것이다), 당신은 다윗이라는 이름이 기념비처럼 과거 시제가 아니라 하나님의 구원 계획에서 미래의 일부로 반복해서 언급되는 것을 보게 될 것이다. 만약 당신이 용납한다면 나는 이 약속들 중 하나만 더 말하고 싶다. 예레미야는 불순종한 사람들에 대한 하나님의 무서운 심판을 예언하여 종종 '눈물의 선지자'로 불린다. 그가 전해야 했던 그다지 좋지 않은 매우 나쁜 소식들 가운데서 그는 잠시 멈추고 새로운 다윗이 올 것이라는 희망을 새롭게 말하였다.

> **여호와의 말씀이니라 보라 때가 이르리니 내가 다윗에게 한 의로운 가지를 일으킬 것이라 그가 왕이 되어 지혜롭게 다스리며 세상에서 정의와 공의를 행할 것이며**(렘 23:5).

"그날이 오리라."

그리고 마태는 그의 복음서에서 발음하기 어려운 이름들의 첫 리스트를 가지고 이 날이 왔다고 주장하고 있다.

"아브라함과 다윗의 자손 예수 그리스도의 계보라."

마태는 예수님이 아브라함에게 하신 하나님의 약속의 성취며, 선지자들이 약속한 새로운 다윗이라고 말한다. 이 족보에서 마태는 요셉의 계보를 통해 이스라엘 왕좌에 대한 예수님의 법적인 권리를 추적한다. 누가복음 3장에서 우리는 마리아 가문을 통해 기술된 예수님의 혈통을 본다. 두 가족 모두 다윗의 가문으로서, 요셉은 솔로몬 가문이며 마리아는 다윗의 아들 나단 가문이다. 누가는 예수님이 완전한 인간이며 둘째 아담으로서 저주를 뒤집고 인류를 구출하기 위해 오셨다는 중요한 사례를 만들기 위해 아담으로 거슬러 올라간다. 예수님은 저주를 뒤집고 인류를 구출하기 위해 오셨다.

마태는 예수님이 다윗에게 한 약속의 성취라고 주장한다. 사실 그가 이 이름의 목록을 배열하는 방식조차도 중요하다. 우리가 영어로 번역된 성경을 읽을 때 항상 알아차리지 못하는 부분이다.

17절에서 그가 무엇을 하고 있는지 주목해야 한다. 그는 14대씩 셋으로 목록을 나눈다. 아브라함에서 다윗까지, 다윗에서 유배까지, 그리고 유배에서 예수님까지. 마태는 아담에서 예수님에 이르는 모든 세대를 족보에 포함시키지 않았다. 대신 14대에 걸쳐 세 번을 사용하는 데는 특별한 목적이 있었다. 히브리어에는 문자를 숫자로 사용하는 게마트리아라고 부르는 장치를 가지고 있다.[59] 따라서 모든 히브리어의 자음은 숫자가 된다. 다윗의 이름을 합하면 숫자 14가 된다(D=4, V=6, D=4).[60] 그래서 마태는 마치 예수님을 새 다윗으로 강조하듯이 의도적으로 이것을 세 번 반복했다. 게다가 이 족보에서 다윗의 이름이 열네 번째로 나온다.

---

59   David Platt, *Christ-Centered Exposition Commentary: Exalting Jesus in Matthew* (Nashville: B&H, 2013), 25.

60   *NIV Zondervan Study Bible*, ed. D. A. Carson (Grand Rapids: Zondervan, 2015), 1927.

마태는 여기서 멋지게 보이려고 한 게 아니다. 그는 충실한 유대인들이 예수 그리스도께서 다윗의 아들이라는 사실을 쉽게 기억할 수 있는 방법을 의도적으로 만들고 있다. 그리고 단지 그가 다윗의 아들이라고만 말하고 있지 않다. 바른 가문의 유산을 가진 많은 사람이 나타났지만 마태는 이 예수님이 그리스도라고 한다. 그리스도라는 명칭은 메시아 또는 기름 부음 받은 자를 의미한다.

아브라함의 자손이자, 다윗의 자손이요, 그리스도이신 예수님. 이것이 왜 중요한가? 우리가 성탄절에 축하하는 모든 것이 여기에 달려 있기 때문이다. 만일 이 아기가 베들레헴에서 소작농 부모님에게 태어나 완전히 죄 없는 삶을 사셨으며, 로마 십자가에서 죽으시고 삼일 만에 다시 살아나셨다면, 그리고 그가 참으로 그리스도라면, 모든 것이 바뀌게 된다.

성탄절은 홀마크 영화Hallmark movies 나 할머니 댁 여행이 아닌 오랫동안 약속했던 메시아의 탄생을 축하하는 것이다. 이는 하나님 나라의 침입이다. 그렇기 때문에 우리는 무엇을 축하하는지도 알지 못하고 성탄절의 감성에만 사로잡히지 않는 것이 중요하다. 나의 친구 딘 인세라Dean Inserra 가 말하듯 "슬프게도, 전통과 좋은 소식의 이름으로 … 그리스도인들은 바로 그분을 따라야 할 필요성에 직면하지 않고도 성탄절의 모든 위안을 누릴 수 있다." 딘은 "만약 우리가 캐롤이라는 말과 예수님의 탄생 장면에 의한 세계 변화의 중요성을 믿는다

면 일 년 내내 성탄절에 반응해야 한다"고 말한다.[61]

이것이 바로 질문에 대한 답이다. 성탄절은 나에게 어떤 의미일까? 만약 당신이 예수님 안에 있다면 아담에서 아브라함, 다윗에서 그리스도에 이르는 이 이야기는 당신의 이야기다. 그리고 만약 당신이 예수님을 따르지 않고 죄를 회개하지 않으며 예수님의 죽음과 부활을 전적으로 믿지 않는다 해도, 이것은 당신의 이야기가 될 수 있다. 왜냐하면 이와 동일한 예수님이 오늘날 모든 민족과 종족과 언어의 사람들을 부르시기 때문이다.

✦ 지저분한 가족 ✦

물론 지금쯤이면 당신은 마태복음과 누가복음에 요약된 예수님의 가계도를 보면서 몇 가지 질문을 가지게 될 것이다. 그렇다. 예수님이 새로운 다윗이고 아브라함의 자손이며 약속된 메시아라는 사실은 놀라운 일이지만, 이 모든 ... 적합하지 않은 자들이 여기서 무엇을 하고 있는가?

---

[61] Dean Inserra, *The Unsaved Christian: Reaching Cultural Christianity with the Gospel* (Chicago: Moody Publishers, 2019), 93.

다윗? 물론 그는 이스라엘 최고의 왕이었지만 간음을 범하고 정부의 남편을 죽이도록 준비한 자가 아닌가? 아브라함? 물론 그는 믿음으로 나아갔지만, 자신의 아내에 관해 거짓말을 하지 않았는가? 여종을 통해 아이를 갖지 않았는가? 그리고 야곱의 모든 아들 중에서, 예수님은 유다 가문에서 오셔야 했는가? 유다가 한 일을 읽었는가? 동생 요셉을 미디안 상인에게 팔아넘겼으며, 자신의 며느리와 자지 않았는가?

당신이 AncestryDNA에 가입하고 이 사람들이 당신의 가계도에 있다는 사실을 알게 된다면 누구에게도 말하기 어려울 것이다. "여보, 내가 거짓말하는 간음범과 살인범과 관련이 있다는 걸 알았어." 당신이 보스턴 교살자Boston Strangler [62]의 증손자이거나 오랫동안 잃어버린 베네딕트 아놀드Benedict Arnold [63]의 네 번째 사촌임을 발견하는 것과 같다.

예수님의 가계도에 있는 사람들은 악명이 높다. 냉장고에 넣을 만한 인물이 아니다. 그렇다 하더라도 ... 이 이름 목록에는 또 다른 반문화적인 메시지가 있다. 이들은 하나님의 가족을 구성하는 부류의

---

[62] 역주, 1962년부터 1964년까지 보스턴에서 13명의 여자를 죽인 연쇄 살인마를 그린 영화 제목이다.

[63] 역주, 미국 독립 전쟁에 참전한 군인이었지만, 승진이 보류되고 자신이 세운 공적을 빼앗겼으며 고발당해 빚까지 지게 되자 배신하여 영국군으로 들어갔다. 후에 그의 이름은 미국에서 '배신자의 대명사'로 취급을 받았다.

사람들이다. 예수님이 우리에게 상기시켜 주실 그분의 나라는 거룩함에 있어서 마지막 줄이 먼저이며, 이 세상의 죄인들이 피난처를 찾을 수 있는 곳이 될 것이다.

> 바리새인의 서기관들이 예수께서 죄인 및 세리들과 함께 잡수시는 것을 보고 그의 제자들에게 이르되 어찌하여 세리 및 죄인들과 함께 먹는가 예수께서 들으시고 그들에게 이르시되 건강한 자에게는 의사가 쓸 데 없고 병든 자에게라야 쓸 데 있느니라 나는 의인을 부르러 온 것이 아니요 죄인을 부르러 왔노라 하시니라(막 2:16-17).

내 친구여, 이는 좋은 소식이다. 특히 이맘때 비록 우리가 모든 것을 가지고 있다고 가정할 수 있지만, 우리는 삶의 일부가 낮의 빛에 노출되는 것을 원하지 않는다는 것을 알고 있다. 우리는 우리가 병들었다는 사실을 알고 있다. 심지어 그의 계보에서도 예수님은 우리에게 그분의 복음을 받을 자격이 있는 사람들의 종류를 알려 주고 계신다. 팀 켈러Tim Keller는 "세상은 항상 잘못된 장소에서 잘못된 자격을 가진 사람들을 경멸해 왔다. 우리는 항상 우리 자신을 정당화하려고 노력한다. 우리는 다른 사람들보다 우월하다고 느끼기 위해 필

사적이다. 그러나 예수님에 관한 모든 것은 그 충동과 모순되고 반대된다."고 말한다.[64]

예수님은 외인과 죄인, 낙심한 자와 힘없는 자를 위해 오셨다. 한 마디로 그분은 당신을 위해 오셨다.

예수님의 더 놀라운 친척들을 만나기 위해 계속 읽어 나가라.

---

64   Keller, *Hidden Christmas*, 74-75.

학습 성찰

1. 10장에 열거된 아브라함과 다윗에 대한 약속을 검토해 보자.

    a. 그리스도는 아브라함이 '많은 민족의 아버지'가 되겠다는 약속을 어떻게 성취하시는가?(창 17:5)

    b. 그리스도는 다윗에게 영원한 왕국을 보장하겠다는 약속을 어떻게 성취하시는가?

2. 마태복음 1장과 누가복음 3장을 읽어 보자. 구약성경에서 알고 있는 이름 몇 개를 적어라. 그리고 자신에게 질문하라.

    a. 이 이름들이 포함된 걸 통해 복음에 대해 알 수 있는 점은 무엇인가?

    b. 하나님은 평범한 사람들을 어떻게 생각하실까?

    c. 하나님이 그리스도를 믿는 믿음으로 우리를 그분의 자녀로 "지명하심"에 대해 알 수 있는 사실은 무엇인가?

3. 마태복음 1장에서 제시한 예수님의 약속 성취로 나타난

다른 종교와 기독교의 차이점은 무엇인가?

   a. 족보에 죄인이 포함된 것을 통해 복음에 대해 알 수 있는 사실은 무엇인가?

   b. 우리 자신, 즉 우리의 자기 의와 하나님을 기쁘시게 하는 능력에 대해 어떻게 생각하는가?

4. 가족과 함께 테이블에 둘러앉아 자신의 이름에 대해 토론해 보자 – 왜 이런 이름이 붙었는지, 어떤 의미가 있는지.

성탄절 찬양 제안

Francesca Battistelli, "He Knows My Name"[65]

---

[65] 역주, 프란체스카 바티스텔리(Francesca Battistelli)는 그래미 어워드 컨템포러리 크리스쳔 뮤직 퍼포먼스 노래상을 받을 정도로 실력을 인정받은 가스펠 가수로서, 탁월하고 힘 있는 음색과 풍성한 음악이 압권이다. 곡의 가사는 스스로 부족하다고 느끼는 자신을 오히려 훌륭하다고 인정해 주시고 특별한 일을 하게 하시는 하나님께 감사드리며, 나아가 자신의 이름을 아시는 주님을 위해 찬양하기를 원하는 그녀의 각오를 담고 있다.

11

예수님 가계의 더욱 놀라운 사람들

제 11 장

예수님 가계의
더욱 놀라운 사람들

　이 성탄절 여정을 마무리하기 위해 나는 하나님 나라의 거꾸로 된 본질을 보여 주는 예수님 가계도의 네 인물을 강조하고 싶다. 그들은 모두 여성으로, 그 자체로 주목할 만하다.

　일반적으로 유대인의 족보는 여성을 언급하지 않는다. 그들은 남성만을 가장으로 나열할 뿐이다. 고대 세계의 여성들은 거의 주체성이 없었고, 사실상 목소리도 없었다. 그래서 예수님은 마리아와 엘리사벳과 안나와 같은 여성을 통해 성탄절 이야기를 하시면서 그분의 나라는 다른 종류의 나라라고 말씀하고 계신다. 그리고 심지어 예수님의 가계도에 네 명의 여성을 나열한 이 작고 사소해 보이는 세부 사항에서도 마태는 강력한 무언가를 전달하고 있다.

이것을 완전히 이해하려면 우리는 1세기에 여성이 얼마나 형편없이 취급되었는지 알아야 한다. 여성은 법적 권리가 없었고, 전적으로 남편의 권력에 종속되었다. 신약 학자인 마이클 그린Michael Green에 따르면, 유대인 남자는 "매일 그가 종이나, 이방인이나, 여자로 창조되지 않은 것에 하나님께 감사했다"고 한다.[66]

직설적으로 말하자면, 마태가 여기에 여성들의 이름을 넣는 것은 수치스러운 일이었을 것이다. 그리고 이들은 그냥 평범한 여성들이 아니었다. 신실한 유대인은 성전이나 회당에서 그들의 이름이 크게 낭독되는 것을 들을 때마다 그들 각자 낙인, 곧 그들의 이름 옆에 별표를 가지고 다녔다.

---

[66]   Michael Green, *The Message of Matthew* (London: SPCK, 2014), 58.

✦ 잇힘 ✦

다말은 대부분의 유대인들이 잊고 싶어 하는 이름이다. 그럼에도 불구하고 그녀는 창세기 38장에서 유다의 두 아들 중 하나인 엘의 아내로 나온다. 이 아들들은 유다가 다른 가나안 여자와 행한 불륜 관계의 결과였다. 엘은 좋은 남편이 아니었고 하나님께 죽임을 당했다. 그가 죽으면서 그다음 맏형인 오난이 당시의 관습을 따라 다말과 결혼하여 기업을 잇게 되었다. 그러나 더 많은 유산을 자신이 얻으려는 탐욕으로 그는 다말과 아이 갖기를 거부하였다. 그 결과 하나님은 오난도 죽게 하셨다.

다음 동생은 나이가 훨씬 어렸기 때문에 다말은 유다가 막내아들을 남편으로 주기를 기다리고 기다렸다. 그러나 그런 일은 일어나지 않았다. 유다는 다말이 어떤 식으로든 하나님의 저주를 받았다고 믿고 꺼려 했기 때문이다. 그래서 그녀는 자신의 손에 물건을 들고 주요 길을 따라 매춘부처럼 차려입었다. 유다는 그녀에게 같이 잘 것을 제안하였고, 정사 결과로 그녀는 임신을 하였다. 흥미롭게도 유다는 그녀가 임신했다는 것을 알았을 때 그녀가 재혼할 때까지 순결을 지키겠다는 서약을 어겼다는 이유로 그녀를 사형에 처하려 했다. 하지만 그녀는 아이가 그의 아이라는 사실을 증명했다. 그럼에도 불구하고 그들의 두 아들 중 하나인 베레스는 다윗 왕의 조상이 되었고,

결국 왕이신 예수님의 조상이 되었다.

예수님의 가계에서 유다와 다말의 위치는 우리에게 힘이 있는 자와 힘이 없는 자 사이의 흥미로운 병치를 보여 준다. 유다는 자신의 죄를 은폐하고 자신의 며느리를 이용해 정욕을 채운 위선적인 지도자였다. 그리고 다말은 무기력하게 잊혔다. 예수님의 새 가족에서는 종교적인 위선자와 착취당한 불륜녀 모두 은혜의 필요를 발견하게 된다.

✦ 죄악 ✦

라합의 이야기도 마찬가지로 비도덕적이다(수 2:1-7). 유대인 정탐꾼이 여리고 땅을 정탐하러 들어왔을 때, 그녀는 그들을 자신의 집에 숨겨 정부 경찰의 감시로부터 보호해 주었다. 그녀는 하나님이 애굽과 광야에서 이스라엘과 함께 행하신 기적에 대해 들었고, 다른 사람들과 달리 여호와를 믿게 되었다. 그러나 여호수아는 그녀의 직업이 매춘부였다고 말한다. 그녀는 남자들의 쾌락을 위해 자신을 팔았던 것이다. 우리는 매춘부라는 단어에 반감을 가지지만, 고대에서 가족이나 남편이 없는 취약한 여성이 살아남을 수 있는 유일한 방법이었다는 걸 알아야 한다. 이와 같은 사실이 그녀의 생활 방식을 정당화

할 수는 없지만, 그녀가 자신의 몸을 부당하게 활용하였다는 사실엔 변함이 없다. 그녀는 이스라엘이 여리고를 무찌르는 데 도움이 되는 중요한 정보를 제공했기 때문에 이스라엘로부터 피난처를 제공받았고 유대 국가에 접합될 수 있었다(히 11:31). 예수님의 형제 야고보는 그녀의 행동이 그녀가 새롭게 얻은 믿음의 증거라고 말했다(약 2:25).

라합의 삶은 예수님이 항상 외인들, 즉 종교 시설에서 볼 수 있는 착취와 죄로 큰 피해를 입은 자들을 데려오신다는 증거다. 이 성탄절에 예배를 드리기 위해 모일 때, 우리는 우리 자신이 이 세상의 라합보다는 더 의롭다고 생각하고 싶은 유혹을 받을 수 있다. 그러나 어떤 의미에서 모든 인간은 하나님 보시기에 매춘부와 같이 부정하다. 한때 율법 준수자이자 충실한 유대인이었던 바울은 하나님 앞에 의인이 없음을 인식하고(롬 3:10), 자신을 죄인의 '괴수'로 보았다(딤전 1:15). 그러나 좋은 소식은 예수님이 그의 삶과 죽음과 부활을 통해 라합을 그의 새로운 가족으로 데려오셨다는 것이다.

✦ 착취의 피해자 ✦

밧세바는 소개가 필요하지 않을 것이다(삼하 11-12장). 혹 당신이 성경을 잘 모른다고 하더라도 다윗 왕이 목욕하고 있는 벌거벗은 밧세바를 옥상에서 내려다보았을 때 어떤 일이 일어났을지 알 수 있다. 이 사건은 이스라엘의 가장 위대한 왕이 통치하는 동안 있었던 가장 큰 스캔들이었다. 우리 대부분은 이 이야기가 다윗에게 무엇을 의미하는지 생각한다. 종종 이는 우리 자신의 죄에 대한 너절한 변명으로 사용된다. 다윗은 죄를 지었지만, 여전히 하나님의 마음에 합한 사람이었다. 다윗이 회개하였다. 그렇게 우리도 회개할 때 은혜를 찾을 것이다. 하나님은 다윗이 죄를 범한 후에도 여전히 그를 지도자로 사용하셨다.

하지만 밧세바에 대해 생각해 보자. 성경은 다윗의 생애에서 그녀의 자리나 그녀에 대해 결코 심판을 내리지 않는 것 같다. 다윗이 그녀를 소환했을 때 그녀는 따르는 것 외에 선택의 여지가 없었을 것이다. 당신이 고대 세계의 여성이고 왕이 당신을 소환한다면, 당신은 복종해야 한다. 밧세바가 다윗의 가장 가까운 조언자 중 한 명인 아히도벨의 어린 손녀라는 사실을 알게 되면 이야기는 더욱 복잡해진다.

다윗이 저지른 엄청난 죄악의 크기는 아무리 강조해도 지나치지 않다. 그는 밧세바를 착취했다. 그는 그녀에게서 자신이 원하는 것을 얻기 위해 자신의 힘을 사용했다. 이로 인해 밧세바의 남편이 사망했을 뿐만 아니라 다윗의 가족을 분열시키는 중추적인 사건 중 하나가 되었다. 밧세바와 다윗의 자녀 중 한 명의 사망을 초래하였고, 추악한 부자간 내전의 촉매가 되었다.

밧세바의 삶은 고난과 슬픔이었다. 그녀는 이스라엘과 다윗의 가족 사이에서 인기도 없고, 심지어 멸시까지 받았을 것이다. 그녀는 아들을 잃고 충실치 못한 남편의 아내가 되었다. 그런데 마태의 이스라엘 이야기와 구원자의 약속에 그녀가 등장한다. 그녀는 하나님에 의해 명명되었다. 착취의 피해자! 하나님은 종종 착취를 당하고 학대를 받는 모든 사람을 보시고 알고 계신다. 잊힌 사람들은 예수님 안에서 새로운 가족과 새로운 정체성을 찾을 수 있다.

✦ 외인 ✦

아마도 예수님의 족보에서 가장 수치스러운 이름은 룻일 것이다. 그녀는 다른 세 명의 여성들과 달리 성적으로 추잡한 이력이 없으며 학대의 피해자도 아니다. 그러나 마태의 설명을 들은 유대인에게 그녀는 불쾌감을 줄 것이다. 왜 그런가?

라합처럼 룻은 유대인이 아니었다. 하지만 그녀는 유대인이 아니었을 뿐 아니라 모압 사람이었다. 모압 사람은 단순히 이방인이 아니라 이스라엘이 맹세한 적들 중 하나였다. 그들은 심지어 이스라엘의 예배에 들어가는 것조차 허락되지 않았다. 그들은 애굽에서 나온 이스라엘 돕기를 거부했던 우상 숭배자들이었다.

그러나 이스라엘에 기근이 들자 유대 가족, 즉 나오미와 엘리멜렉과 그들의 두 아들은 생존을 위해 모압으로 갔다. 룻의 삶은 고난과 슬픔이었다. 그녀는 남편과 시동생, 그리고 시아버지가 모압에서 죽어 가는 것을 보았다. 그녀의 시어머니 나오미가 고향으로 돌아가려고 했을 때 룻은 그녀를 따르고 나오미의 하나님께 경배하기로 했다(룻 1:16). 그녀는 결국 보아스의 아내이자 다윗 왕의 증조할머니가 되었다. 룻기서는 룻의 친족-구속자로서 보아스의 이야기를 아름답게 들려준다. 그리고 여기 성탄절의 첫 페이지에 나타난 그녀의 모습은 예수님이 외부에 있는 자들의 구속자임을 상기시켜 준다. 그들은 모압 여인 룻처럼 한때 전능자의 궁정에서 외인이었으나 지금은 하나님의 은혜의 온전한 참여자로 받아들여진다.

✦ 하나님의 가족으로서 당신의 이름 ✦

그러니 이제 다시는 마태복음 첫 장을 이전과 같은 방식으로 읽지 않기를 바란다. 그리고 무엇보다 예수님이 성경에 나오는 이름 그 이상의 존재라는 사실을 이해해 주기를 바란다. 그분은 아브라함의 자손이요, 다윗의 자손인 그리스도이시다.

나는 하나님이 이들 네 명을 지명하셨다는 사실이 위로가 된다. 그렇지 않으면 잊혀진 존재요, 외인이 되었을 것이다. 하나님은 착취당한 자와 잊힌 자 그리고 무력한 자를 지명하신다.

세상은 당신의 이름을 잊어버릴지 모르지만, 당신은 '모든 이름 위에 뛰어난 이름'(빌 2:8-11)이신 분에 의해 알려지고 지명될 수 있다. 게다가 예수님은 당신에게 새로운 이름을 주실 수 있다. 하나님은 당신과 나와 같은 죄인을 취하셔서 우리를 새로운 정체성과 새로운 목적을 가진 새로운 피조물로 만드시는 일을 하고 계신다. 이것이 성탄절의 진정한 의미다.

> 그런즉 누구든지 그리스도 안에 있으면 새로운 피조물이라 이전 것은 지나갔으니 보라 새 것이 되었도다 모든 것이 하나님께로서 났으며 그가 그리스도로 말미암아 우리를 자기와 화목하게 하시고 또 우리에게 화목하게 하는 직분을 주셨으니 곧 하나님께서 그리스도 안에 계시사 세상을 자기와 화목하게 하시며 그들의 죄를 그들에게 돌리지 아니하시고 화목하게 하는 말씀을 우

리에게 부탁하셨느니라(고후 5:17-19).

나는 당신이 이 책을 덮을 때 하나님의 가족에 라합과 다말, 아브라함과 야곱, 룻과 밧세바, 다윗과 유다를 위한 자리가 있듯이 당신을 위한 자리도 있다는 사실을 이해하기를 바란다. 믿음으로 이 좋은 소식을 받아들이는 데 방해되는 어려움이 있는가?

학습 성찰

1. 예수님의 족보에 속해 있는 다말, 룻, 라합, 밧세바 이야기는 "예수님은 항상 외인들, 즉 교회 안에서 볼 수 있는 착취와 죄로 큰 피해를 입은 자들을 데려오고 계신다"는 사실을 보여 준다. 오늘날 교회에서 배제할 수 있는 '외인'은 누구인가?

2. 이번 성탄절에 당신의 가족이나 친구들이 어떻게 '외인'을 데려올 수 있을까?

3. 복음서에는 예수님의 생애와 지상 사역에서 중요한 역할을 했던 여성들의 이야기로 가득하다. 우리는 이미 이 책에서 그들 중 몇 명을 만났다! 또 다른 예가 있는가? 우리는 그들에게서 무엇을 배울 수 있는가?

후기

당신 자신을 상상해 보라...

지금쯤 당신이 성탄절의 모든 등장인물은 자신들이 아니라 성탄절 이야기의 중심인물인 예수님을 가리키고 있으며, 예수님의 탄생과 삶과 죽음과 부활이 모든 것을 변화시킨다는 것을 깨달게 되었기를 바란다. 이 조연들에 대해 읽고 나면 우리는 예배드릴 가치가 있는 분을 자세히 볼 수 있다.

그리고 우리도 구유 주위에 모여 그들의 관점에서 성육신을 바라

보고 있다고 상상할 수 있다. 이 책이 나에게 그런 일을 할 수 있게 해 주었기 때문에 매우 기뻤다. 마지막으로 성탄절 전에 이와 같은 은혜를 누리기를 바란다.

그렇게 당신 자신이 거의 알지 못했던 남자와 결혼을 앞둔 젊고 연약한 유대인 여성이라고 상상해 보라. 그녀의 소명은 단순히 어머니와 아내가 되는 것이 아니라 태중에 있는 하나님의 아들을 낳는 것이라는 천사들의 말의 무게를 상상해 보라. 마리아는 하나님께 예라고 대답했고, 그녀의 순종은 역사상 하나님의 구속 운동의 태피스트리tapestry[67]에서 빛을 발했다. 나중에 그녀의 아들은 아버지 하나님께 예라고 대답하셨고 핏방울을 흘리셨다. 그래서 우리는 구원에 대해 예라고 말할 수 있게 되었다. 당신이 마리아의 관점으로, 당신의 자유를 사신 왕께 경배하고 기쁜 응답으로 그분께 예라고 말할 수 있기를 바란다.

당신이 평범한 직업을 가진 평범한 마을의 평범한 사람인 요셉이라고 상상해 보라. 임신한 아내, 지켜보는 공동체, 그리고 섭리하시는 하나님과 함께 중대한 일이 갑자기 그에게 생겼다. 마리아처럼 그도 힘들고 어려운 삶에 순종하여 잉태하지 않은 아들을 낳고, 받음직하지 않은 수치심을 품었다. 요셉처럼 우리는 아버지께서 인도하

---

67 역주, 아름다운 여러 색의 실로 수를 놓은 벽걸이나 실내장식용 비단을 가리킨다.

시는 곳마다 순종할 수 있으며, 우리를 향한 그분의 뜻이 우리 자신의 야망과 꿈보다 더 크다고 믿는다. 성탄절에 대한 요셉의 관점은 우리가 우리의 삶을 느슨하게 유지하고 왕을 섬기기 위해 우리 자신을 바칠 수 있게 해 준다.

우리는 요셉과 마리아처럼 어떤 부분에서 하나님이 우리에게 예라고 대답하기를 요청하시는지, 그리고 어떤 부분에서 우리가 통제하는 데에 어려움을 겪고 있는지 자문해 볼 수 있다.

아니면 우리는 시므온과 안나처럼 대답을 기다리며 갈망할 수도 있다. 그들은 해마다 성전에 서서 하나님 나라가 밝기를 기다렸다. 그리고 예수님이 오셨을 때 그들은 경배하며 기뻐할 준비가 되어 있었다. 예수님의 첫 등장을 되돌아볼 때, 이 두 예배자처럼 우리는 겸손한 마음으로 예수님이 다시 오실 것과, 그 중간 이 계절에 우리 마음에 하나님의 영의 새로운 역사를 겸손한 마음으로 기대하며 기다려야 한다.

아니면 스가랴처럼 우리도 채워지지 않은 갈망의 그늘에서 살아왔을지도 모른다. 하나님의 침묵에 지치고 그분의 약속에 대해 냉소적인 우리에게 성탄절은 회복보다는 더 의례적으로 보일지 모르지만, 이는 하나님이 당신의 약속을 신비에 포장하여 우리로 잠잠히 하여 듣고, 우리 위에 말씀하시는 그분에게 귀를 기울이도록 강요하고 있는 것일 수도 있다.

물론 우리 모두 목자이거나 현자이다. 우리는 예수님이 세상에 오신다는 기쁜 소식을 새롭게 들은 목자들이고, 우리 역시 성탄절이 되면 가서 아직 이 기쁜 소식을 듣지 못한 사람들과 함께 나눠야 한다. 아니면 우리는 종교의 외부인으로서 먼 나라에서 온 박사들처럼 예수님을 향해 먼빛을 따라 여행해야 할 수도 있다. 방황하고 찾는 이 계절이 마침내 당신을 고향으로 돌아가게 하고, 그분의 탄생이 당신의 궤적을 바꿔 예배를 재주문하신 분의 발아래 있기를 소망한다.

우리는 확실히 천사가 아니다. 그러나 우리는 한발 물러서서 그들의 견해를 생각해 볼 수 있다. 그들은 하나님이 사랑하도록 사랑을 받도록 창조하시고, 하나님의 구원 계획이 세상에 펼쳐지며, 그분의 형상을 따라 지음을 받고 그분의 은혜를 받는 것을 지켜본다. 우리는 하나님의 아들이 인간 생명의 연약함에 굴복한 다음 그의 백성의 죄를 위해 희생 제물로 십자가를 향해 나아가시는 것을 볼 수 있다. 천사들은 창조의 새벽부터 승리의 옷 접기 그리고 하나님 적들과의 마지막 전투에 이르기까지 모든 단계에 있었다. 우리는 천사가 아니지만 천사들이 말하는 것을 듣기 위해 귀를 기울일 수 있다. "가장 높은 곳에서 하나님께 영광!"

마지막으로 우리는 하나님의 가족 목록에 있는 수치스러운 이들들처럼 이 새로운 창조물인 교회에서 새로운 이름과 새로운 가족을 찾을 수 있다. 이름이 없는 자들이나, 죄로 이름이 더러워진 자들, 그리고 지나갔던 자들을 위해 예수님은 당신의 이름을 아시고 또 당신에게 새로운 이름을 주실 수 있다.

성탄절의 인물들
(The Characters of Christmas)

초판 발행　2021년 11월 15일

지은이　다니엘 달링
옮긴이　박상민
꾸민이　박소린

펴낸곳　토브북스
출판등록　제 2018-000007호(2018. 1. 15)

주소　경기도 안산시 단원구 선부광장북로67 235동 301호
문의　tovbooks2018@naver.com

ISBN　979-11-975707-1-1 03230
값　15,000원